복권의 역사

HITTING THE LOTTERY JACKPOT
Government and the Taxing of Dreams

복권의 역사

HITTING THE LOTTERY JACKPOT
Government and the Taxing of Dreams

데이비드 니버트 지음 | 신기섭 옮김

필맥

복권의 역사

1판 1쇄 펴낸날 │ 2003년 8월 25일

지은이 │ 데이비드 니버트
옮긴이 │ 신기섭

펴낸이 │ 이주명
펴낸곳 │ 필맥
등록 │ 제2003-63호
주소 │ 서울시 종로구 송월동 99-2 송월빌딩 401호
E-mail │ moonna@philmac.co.kr
전화 │ 02-3210-4421
팩스 │ 02-3210-4431

ISBN 89-954116-3-5 03300

* 잘못된 책은 바꾸어 드립니다.
* 값은 뒤표지에 있습니다.

“나는 내일 일하러 가지 않을 거야.
…
만약 내가 출근하지 않으면 로또에 당첨된 줄 알라고.”

영국 여왕 엘리자베스 1세가 복권 발행을 허가한 칙서.

1569년 엘리자베스 여왕은 국고를 유지하기 위해 복권을 허용했다.

A Declaration for the certaine time of dravving the great standing Lottery.

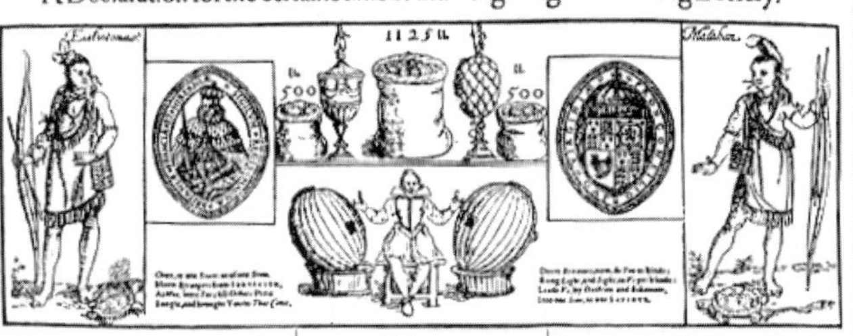

It is apparent to the World, by how many former Publications we manifested our intents to have drawne out the Great standing Lotterie long before this day : Which not falling out as ourselves desired and others expected, whose moneyes are already adventured therein, We thought good therefore for avoiding all unjust and sinister constructions to resolve the doubts of al indifferent minded in three special points for their better satisfaction. The first is, for as much as the adventures came in so slackly with such poore and barren receits of moneys at the Lottery house for this twelve moneth past, that without too much prejudice to ourselves and the adventurers in lessening the blankes & prizes, We found no meanes nor ability to proceed in any competent proportion, but of necessity are driven to the Honourable Lords by petition, Who out of their Noble care and disposition to further that publike plantation of Virginia, have recommended their letters to the Counties, cities and good Townes in England, Which we hope by sending in their Voluntarie adventurers, will sufficiently make that supply of helpe, which otherwise we should not in any reasonable time have effected.

The second poynt for satisfaction to all honest and wel affected mindes, is, that notwithstanding this our meanes of Lottery, answered not our hopes, yet have we not failed in that Christian care of the Colony in Virginia, to whom wee have lately made two sundry supplies of men and provisions. Where wee doubt not but they are all in health and in so good a way with corne and cattell to subsist of themselves, that were they now but a while supplied with more hands and materials, we should the sooner resolve upon a division of the Countrey by lot, and so lessen the Generall charge, by leaving each several tribe or family to husband and manure his owne.

The third and last is our constant resolution, that seeing our credits are now so farre engaged to the Honourable Lords & to the Whole State for the drawing and accomplishment of this great standing Lotterie, Which we intend shall be our last of all standing Lotteries for this Plantation, that our time fixed and determined for accomplishing thereof, shall be, if God permit, without longer delay, the 26. of June next, being in Trinity tearme, desiring all such as have undertaken with bookes to solicite their friends, and all such as intend the prosperity of that worthie Plantation, that they will not withhold their monies till the last weeke or moneth be expired, lest we be unwillingly forced to proportion a lesse value and number of our blankes and prizes which hereafter follow.

And whosoever under one name or posie shall adventure twelve poundes ten shillings or upward, if he

Welcomes.

To him that first shall bee drawne out with a Blanke	100. crownes.
To the second	90. crownes.
To the third	15. crownes.
To him that every day during the drawing of this Lottery shall bee first drawne out with a Blanke	10. crownes.

Prizes.

1. Great Prize of	4.500. crownes.
2. Great Prizes, each of	2.000. crownes.
4. Great Prizes, each of	1.000. crownes.
6. Great Prizes, each of	500. crownes.
10. Prizes, each of	300. crownes.
20. Prizes, each of	200. crownes.
100. Prizes, each of	100. crownes.
200. Prizes, each of	90. crownes.
400. Prizes, each of	20. crownes.
1.000. Prizes, each of	10. crownes.
1.000. Prizes, each of	8. crownes.
1.000. Prizes, each of	6. crownes.
4.000. Prizes, each of	4. crownes.
1.000. Prizes, each of	3. crownes.
1.000. Prizes, each of	2. crownes.

Rewards.

To him that shall bee last drawne out with a Blanke	25. crownes.
To him that putteth in the greatest number of Lots under one name or Posie	400. crownes.
To him that putteth in the second greatest number	300. crownes.
To him that putteth in the third greatest number	200. crownes.
To him that putteth in the fourth greatest number	100. crownes.

— If divers bee of equall number then these Rewards are to be divided proportionably —

Addition of new Rewards.

The Blanke that shall bee drawne out next before the Greatest Prize, shall have	25. crownes.
The Blanke that shall bee drawne out next after the said Great Prize, shall have	25. crownes.
The Blankes that shall be drawne out immediately before the 3. next Greatest Prizes, shall have each of them,	20. crownes.
The severall Blankes next after them shall have also each of them	20. crownes.
The severall Blankes next before the foure Great Prizes, shall have each of them	15. crownes.
The severall Blankes next after them shall have also each of them	15. crownes.
The severall Blankes next before the six Great Prizes, shall have each of them.	10. crownes.
The severall Blankes next after them shall have also each of them	10. crownes.

please to leave & remit his Prizes and Rewards, bee they more or lesse, the Lottery being drawne out, he shall have a bill of Adventure to Virginia, for the like sum he adventured, & shall be free of that Company, & have his part in all Lands, & all other profits hereafter arising thence according to his adventure of twelve pounds ten shillings or upwards.

Whosoever is behinde with the payment of any sum of money, promised heretofore to be adventured to Virginia, if hee adventure in this Lotterie the double of that sum & make payment thereof in ready money to Sir Thomas Smith Knight, Treasurer for Virginia, he shall be discharged of the foresaid summe so promised to have been adventured to Virginia, and of all actions and damages therefrom arising, and have also the benefit of all Prizes and Rewards whatsoever in this Lottery, due by reason of the like sum which he shall bring in, and yet notwithstanding, if after the Lottery drawne, he list to remit all his said Prizes and Rewards, he shall have a bill of Adventure to Virginia for the said entire summe according to the last preceding Article.

And if upon too much delay of the adventurers to furnish this Lottery, We be driven to draw the same before it be full, then we purpose to shorten both blanke and Prizes in an equall proportion, according to that wherein wee shall come short, bee it more or lesse, that neither the Adventurers may bee defrauded nor ourselves, as in the former, any way wronged.

The Prizes, Welcomes & Rewards shall be paid in ready Money, Plate, or other goods reasonably rated. If any dislike of the said Plate or other Goods, he shall have ready money for the same, abating onely a tenth part; except in small Prizes of tenne Crownes or under, wherein nothing shall be abated them.

The money for Adventures is to be paid to Sir Thomas Smith Knight Treasurer for Virginia at his house in Philpot lane; or to such officers as shall be appointed to attend for that purpose at the Lottery house: or to such other as shall elsewhere, for the ease of the Countrey, be authorised under the Seale of the Company, for receipt thereof.

The Prizes, Welcomes & Rewards being drawne, they shall be paid by the Treasurer for Virginia, without delay, whensoever they shall be demanded.

And for the better expedition to make our sum compleat, as wel to hasten the drawing of our Lottery, as chiefly to inable us the sooner to make good supplies to the Colonie in Virginia: Whosoever under one name or posie shall bring in ready money three pounds, either to the Lottery house, or to any Collector, the same party receiving their money, for every three pounds so received shall render them presently a silver spoone of 6. shillings, 8. pence price, or 6. shillings 8. pence in money.

17세기 중반 영국에서 발간한 복권신문. 당시 영국이 북미 식민지 경영에 필요한 자금을 조달하기 위해 발행한 복권의 게임 방법과 당첨금 지급 기준 등을 설명하고 있다.

동판화 〈복권〉, 윌리엄 호가스 William Hogarth, 1697~1764, 노스웨스턴 대학 소장.
풍자화가 호가스가 1721년에 완성한 것으로, 정부가 복권으로 자금조달을 하는 것을 비판하고 있다.

1761년 영국에서 발행된 '프로비던스 스트리트 복권' 중 당첨된 356번 복권.

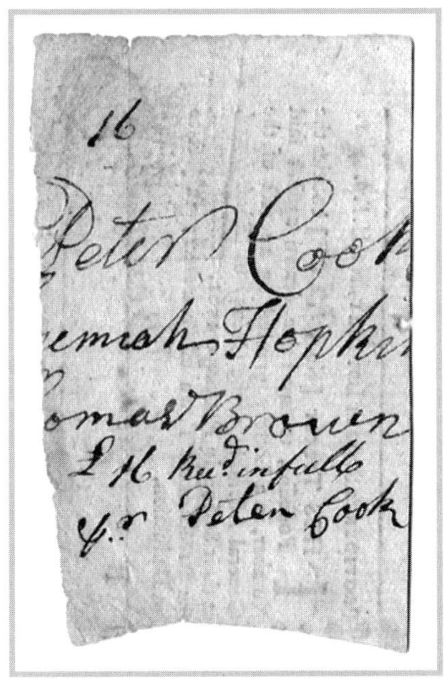

위 복권의 관리자가 내준 당첨확인증.

1780년대 프랑스의 복권추첨 풍경을 묘사한 그림.

〈복권 판매소〉, 오우바테르 이자크 Ouwater Issak, 1750~1793, 암스테르담 국립미술관 소장.
네덜란드의 화가 이자크가 그린 당시 복권판매소의 모습.

영국 공공기록보존청이 소장하고 있는 18세기 영국의 복권들.

미국에서 최근에 발행된 복권들.

차 례

로또 광풍

1장 | 로또 광풍

미국에서는 복권이 비교적 짧은 기간에 사람들의 삶 속으로 파고들었
다. 전국에 걸쳐 파는 복권도 있고 주 정부에서 운영하는 복권도 있
다. 복권은 이미 사회의 한 부분을 이루고 있고 매일 매일의 삶 속에
깊숙이 들어와 있다.

"필요한 건 1달러와 꿈뿐"이라는 복권 광고 문구가 사람들의 변화
욕구를 자극한다. 신문, 잡지, 텔레비전 등은 복권 당첨 한번으로 인
생 대역전을 이룬 사람들의 이야기를 굴비두름처럼 줄줄이 엮어 내보
내고 있다. 저마다 경쟁적으로 복권 당첨자들의 행운과 화려한 앞날
을 그려내느라 떠들썩하다.

그런가하면 복권으로 인해 개인들이 입는 피해에 대해 주목하고,
공론화하는 언론매체는 거의 찾아보기가 힘들다.

미국 펜실베이니아주의 19살 청년 리처드 스미스는 당첨금이 250
만 달러인 1달러짜리 복권을 6000장이나 사느라고 저축해둔 돈을 다

써버렸다. 그리고 끝내 당첨되지 않자 그는 자살을 기도했다. 플로리다주에 사는 41살 기업인 리처드 클레리는 매주 5000달러어치의 복권을 샀다. 더 이상 복권을 살 돈이 없게 되자 그는 50만 달러를 횡령했다가 발각돼 기소됐다. 펜실베이니아주 해리스버그시의 톰 드레이크와 그의 아내 필로미너는 주 정부가 발행한 복권 때문에 1만 4000달러를 날렸다. 델라웨어주에서는 어느 중년 부인이 복권을 사느라 몇천 달러를 날렸고, 캐나다 토론토의 한 은행 직원은 100만 달러라는 복권 당첨금의 유혹에 빠져 8만 달러를 횡령했다.[1] 뉴욕시 브롱크스의 한 웨이터는 파워볼 복권이 내건 2억 9570만 달러라는 거액의 당첨금에 유혹돼 직업학교 등록금 3000달러를 날렸다.[2]

영국에서도 복권에 집착했지만 당첨되지 못해 실망한 사람이 파멸에 이른 사례가 적지 않다. 자녀 둘을 둔 51살의 장비검사원 티머시 오브라이언은 매주 한번씩 친구와 함께 복권을 사곤 했다. 1995년 5월 어느 주에 그는 깜박 잊고 복권을 사지 않았다. 그런데 그는 친구와 함께 골라놓았던 6개의 숫자가 그 주의 당첨번호와 일치했다고 착각했다. 실제로 당첨번호와 맞은 숫자는 4개뿐이었지만, 그는 자신의 건망증 때문에 복권 사는 일을 깜박한 것을 자책했다. 그는 사과하는 글을 친구에게 남기고, 리버풀에 있는 자기 집 다락에서 자살했다.[3] 아이 셋을 두고 행복하게 살던 28살의 여성 조이 시니어는 영적 능력을 지닌 남자친구가 복권에 당첨되리라고 확신했는데 당첨되지 못하자 의기소침해졌다. 그는 자신이 남자친구의 영적 능력을 망가뜨렸다는 생각에 시달린 끝에 자기 아이들 셋을 모두 칼로 찔러 죽인 뒤 물

에 뛰어들어 자살했다.[4]

나이젤 머컬럭 주교는 영국의 국영 복권이 사회에 끼치는 해악을 안타까워하면서 이렇게 말했다. "잘못된 희망을 갖게 만든다는 것은 심각한 문제다. 복권은 해악이 없는 오락일 뿐이라고들 하지만 그렇게 많은 돈을 벌 수 있는 가능성을 내세우는데 어찌 해악이 없겠는가."[5]

미국의 복권은 요즘 젊은이들이 태어나기 전부터 존재해왔고, 오늘날에는 일상생활의 한 부분이자 정부의 세수입 확보 수단의 하나로 당연시되고 있다. 그렇다면 과거 미국 복권의 역사는 어땠을까? 19세기 말에 복권이 금지됐던 이유는 무엇일까? 그 뒤 어떤 상황변화가 있었기에 정부는 다시 복권을 발행하기로 한걸까? 대중의 대다수는 왜 정부의 복권 발행을 지지할까? 정부의 복권사업은 공정하고 윤리적인 세수확대 수단일까? 복권의 혜택이 학교에 돌아간다고 하는데 정말 그럴까? 소득과 재산의 분배가 매우 불공정한 사회를 사람들이 수용하고 존중하는 데 복권이 하는 역할은 무엇일까?

다시 부활한 정부 복권사업

1964년 4월 22일 로드아일랜드주 소속 경찰관들은 65살의 식당 주인인 루이스 해머드가 주 경계선 근처에 다가서자 추격하기 시작했다. 해머드가 매사추세츠주로 넘어가자 경찰은 차를 길가에 대놓고 잠복

근무에 들어갔다. 5시간 뒤 경찰은 해머드가 돌아오는 것을 목격했다. 그가 다시 주 경계선을 넘어 로드아일랜드주로 넘어오자 경찰은 그의 차를 세웠다. 해머드는 불법 물건, 즉 뉴햄프셔주의 복권을 소지한 혐의로 체포됐다.

한 달 전, 뉴햄프셔주 지사인 존 W. 킹은 루이스 해머드와 같은 사람들을 뉴햄프셔주로 끌어들일 만한 일을 벌였다. 19세기 말에 복권이 불법으로 규정된 이후 처음으로 복권사업을 재개한 것이다. 그동안에는 사람들이 순전히 운으로 상품이나 상금을 획득하는 복권과 같은 게임은 불법이었다. 연방 정부는 복권과 관련된 물품을 갖고 주 경계선을 넘는 행위를 법률로 금지했고, 대다수의 주 헌법들도 복권사업을 금지하고 있었다.

뉴햄프셔주가 복권 판매를 부활시킨 것은 공교롭게도 13일의 금요일이었다. 〈포츠머스 헤럴드〉는 "복권을 사는 사람들 사이에 불안감이 팽배했다"고 보도했다.[6] 그러나 주 지사가 복권을 한 장 사고 주 의원들도 복권을 사자 복권 판매는 활기를 띠기 시작했다. 판매가 나아지기는 했지만 주 정부 관리들은 복권사업에 대한 평판이 얼른 나아지지 않는 데 대해 우려를 떨치지 못했다. 그래서 복권 당첨자를 발표하는 행사장에 미인대회 당선자들을 등장시키고, 악단까지 동원해 미국 국가를 연주하게 했다. 복권사업을 정당화하려는 시도였다.

뉴햄프셔주가 복권사업을 재개하기까지에는 많은 논란이 있었다. 주 의회는 격렬한 공방을 거쳐 공청회까지 열었다. 그러나 주 상원과 하원은 1963년 4월 30일에 킹 주지사가 서명한 복권발행 계획을 승인했다. 복권 옹호자들은 자신들이 "상금이 걸린 경주"라고 부르는 복권이 절박한 교육예산을 조성해줄 것이라고 주장했다. 뉴햄프셔주는 주 차원의 소득세나 판매세가 없는 탓에 교육예산 규모가 전국에서 가장 작았다.

하지만 복권에 반대하는 사람들은 복권을 "죄악의 세금"이라고 불렀고, 이런 징세 방법이 지닌 도덕성 문제를 거론하며 그 합법화 정책에 강력히 반발했다.

찰스 F. 홀 주교는 복권이 "용기와 솔직한 정치 지도력으로 쌓아온 뉴햄프셔주의 역사적 명성을 더럽히는 싸구려 편법"인 동시에 "국가와 뉴햄프셔주의 이익을 해치는 고약한 침입자"라고 비난했다. 홀런 애스턴 주 교육감은 교육예산 확충 대책으로 복권이 아닌 다른 건전한 방안을 찾을 것을 요구하면서 이렇게 말했다. "나는 많은 면에서 상당히 개방적이지만, 교육을 들쭉날쭉한 자발적 기부금에 의존하게 하고 노름까지 도입한 정부를 미덥게 평가할 수 없다."[7] 콩코드시의 시장인 찰스 캠벨 데이비스는 주 정부의 복권사업 재개에 대해 "우리 주의 역사상 가장 저주스러운 일이며, 오늘은 뉴햄프셔주 암흑의 날"[8]이라고 말했다.

비판의 목소리는 다른 주에서도 터져 나왔다. 일리노이주의 에버릿 덕슨 상원의원은 복권이 "사람들의 도덕을 망친다"[9]고 확신한다면서 공개적으로 뉴햄프셔주의 복권사업을 비난했다. 감리교의 고위 성직자인 존 웨슬리 로드는 복권법이 공포된 날은 "암흑의 화요일"[10]이라고 생각한다는 전문을 킹 주지사에게 보냈다.

뉴햄프셔주의 복권사업에 대해서는 이처럼 도덕적인 분개가 쏟아졌고, 복권의 합법성에 대한 논란도 벌어졌다. 로드아일랜드주 경찰이 루이스 해머드를 추적해 체포한 것도 바로 이런 논란을 배경으로 한 것이었다.

뉴햄프셔주의 복권 판매자들은 그들이 충분한 수익을 올릴 수 있을 만큼 뉴햄프셔주의 인구가 많지 않다고 생각하고, 인근 다른 주의 주민과 여행객들을 끌어들이려고 했다. 하지만 연방 법률은 복권이나 복권 관련 물품을 주 경계 밖으로 가져나가는 것을 금지하고 있었고, 연방통신위원회(FCC)는 라디오와 텔레비전 방송에서 복권 관련 정보를 전하지 못하도록 했다. 우정국도 우편으로 복권 관련 정보를 발송하는 것을 금지했다. 게다가 뉴햄프셔주에 인접한 로드아일랜드, 뉴저지, 매사추세츠 등 3개 주는 법률로 복권을 소지하는 것조차 불법으로 규정하고 있었다.

그러나 일부의 강력한 반발에도 불구하고 일반 대중은 복권 발행을 강력히 지지한다는 사실이 확인됐다. 킹 주지사에게 배달돼온 편지들은 10 대 1의 비율로 복권을 더 많이 지지했다. 뉴햄프셔의 복권 반대자들이 주도한 주민투표에서도 80%가 복권 도입을 찬성했다. 복권 옹호자들은 '아일랜드식 스테이크경마 복권'*을 몇 년째 놔두고 있는 상황에서 이 복권만 억압하는 것은 불공평하다는 주장을 펴기도 했

---

* Irish Sweepstakes. 1930년 아일랜드 자선단체들에 도움을 주기 위해 정부가 인가한 복권으로 당첨번호를 두 번 뽑는 방식. 먼저 당첨번호들을 정하고 각 번호들을 경마에 나서는 말들과 짝지은 뒤 말의 경주 실적에 따라 상금의 최종 순서를 정한다.

다. 루이스 해머드에 대한 재판에서 판사는 주 경찰의 행동이 "함정수사와 유사했다"면서 압수된 증거물을 인정하지 않고 소송을 기각했다. 연방 정부의 레이먼드 페티니 법무장관 역시, 복권을 비롯해 복권 관련 물품을 소지하고 주 경계선을 넘은 사건이라 할지라도 "선량한 시민이 관련됐다면 기소를 거부할 것"[11]이라는 방침을 발표했다. 도박업계가 상업적으로 복권을 이용한 경우에 대해서만 법률적 대응을 할 것이라는 얘기였다.

뉴햄프셔주가 주 정부 주도로 복권사업을 재개해 정착시키는 과정에서 문제가 된 것은 비단 도덕과 법률만이 아니었다. 복권 옹호자들에게는 국세청도 골칫거리였다. 뉴햄프셔주가 복권사업을 준비하던 1963년에 국세청은 복권사업 수입에 세금을 물리겠다고 밝혔다. 하지만 경마는 과세대상이 아니었기 때문에 뉴햄프셔주 관리들은 복권의 최종 당첨자를 연례 경마대회 결과에 따라 결정하는 방식을 도입함으로써 세금을 피했다.

뉴햄프셔주가 복권사업을 성공적으로 정착시키자 뉴욕주 의회의 상당수 의원들도 주 정부에 복권을 도입하라고 요구하고 나섰다. 그들은 복권이 시 예산에 보탬이 되고, 학교 건설과 병원 운영에 필요한 자금을 가져다 줄 것이라고 주장했다. 한편으로는 예상대로 복권 도입에 반대하는 운동도 일어났다. 주 교회위원회는 복권이 "사회적, 도덕적 죄악"이라며 "훌륭한 취지의 일에 사악한 습관을 연결시키는 것은 온당하지 않으며 나쁜 습관만 조장할 것"[12]이라고 선언했다. 넬슨 록펠러 뉴욕 주지사는 공교육협의회와 합세해 복권 도입 주장을 비난했다. 협의회는 "우리는 복권사업으로 공교육을 지원하겠다는 시도가 심각한 도덕적 문제를 유발한다고 믿으며, 교육의 목표에도 부합하지 않는다고 본다"[13]고 밝혔다. 하지만 1966년 11월에 실시된 복권 도입에 관한 주민투표에서 61%가 복권 도입을 지지했고 1969년에는 복권사업이 개시됐다.[14]

뉴햄프셔주와 마찬가지로 뉴욕주도 연방 정부의 과세를 피하기 위해 경마와 연계시키는 방식으로 복권을 운영했다. 물론 연례 경마대회 자체는 흥미진진했다. 하지만 이렇게 연례 경마와 연계된 복권은 1년이 지나야 당첨 여부를 알 수 있었다. 때문에 당시 잠재적 복권 구매층은 복권에 크게 흥미를 느끼지 못했다. 사업 첫해에 나타났던 사회적인 관심이 식어감에 따라 그 뒤 5년 동안 뉴햄프셔와 뉴욕, 두 주의 복권 판매량은 계속 줄어들었다.

뉴저지주의 복권 옹호자들은 이들 두 주의 경험을 거울삼아 시행착오를 피했다. 뉴저지주의 복권사업은 주민투표에서 87%의 지지를 얻은 것을 바탕으로 1971년에 개시됐다. 뉴저지주의 복권사업 담당자들은 당첨자를 더 자주 뽑음으로써 복권 열기를 높이려 했다. 뉴햄프셔주와 뉴욕주에서는 복권 한 장 가격이 1달러였으나, 뉴저지주 관리들은 복권 가격을 50센트로 낮게 책정했다. 경마와 연계시키는 방식도 바꿨다. 뉴햄프셔와 뉴욕에서는 앞으로 열릴 경마대회의 결과를 바탕으로 복권 당첨자를 결정하는 방식을 택했지만, 뉴저지에서는 과거에 이미 치른 연례 경마 결과들 가운데 무작위로 하나를 뽑아서 당첨자를 결정하는 방식을 도입했다. 뉴저지주는 당첨자를 처음엔 매주 한번씩 뽑다가 나중에는 매일 뽑았다. 또 뉴햄프셔주가 복권 판매소를 주류 판매소와 경마장에 한정한 것과 달리, 뉴저지주는 훨씬 융통성을 발휘해 판매소를 3000곳 이상 확보했다. 식료품 가게, 주유소, 신문 판매대, 선술집, 식당, 백화점, 약국에서도 복권을 살 수 있었다. 당첨자를 결정하는 행사도 텔레비전 게임 쇼와 비슷하게 치름으로써 대대적인 홍보가 가능하도록 했다.

기대에 미치지 못한 뉴햄프셔주와 뉴욕주의 복권 판매량과는 달리, 뉴저지주의 복권 판매량은 기대치를 크게 넘어섰다. 이렇게 되자 뉴욕주가 뉴저지주를 흉내 냈다. 뉴욕주는 복권의 가격을 낮추고, 당첨자 결정도 매주 한번씩 하는 방식으로 바꿨다. 그러자 뉴욕주의 복권 판매량도 크게 늘어났다. 뉴저지주의 성공은 도처의 복권 옹호자들을 자극했다. 1970년대에만 10개 주가 추가로 복권사업을 시작했다. 도박이 지닌 부도덕성과, 복권을 통해 공공재원을 마련하는 방식이 지닌 불공평성에 대한 우려가 곳곳에서 끊이지 않고 제기됐다. 그럼에도 1998년까지 미국에서 복권을 도입한 곳은 37개 주와 워싱턴 시 등 모두 38곳으로 늘어났다.[15]

미국 남부지역은 복권을 오랫동안 거부해왔다. 그러나 앨라배마, 노스캐롤라이나, 사우스캐롤라이나, 테네시 등 4개 주 주민들은 접경한 이웃 주인 조지아주의 복권을 사는 데 수천만 달러를 지출하고 있었다. 이런 사실은 주 의원들의 거부감을 조금씩 불식시켰다. 1998년 앨라배마와 사우스캐롤라이나의 주지사 선거에서 복권사업 도입을 공약한 후보가 복권 반대자를 물리치고 당선됐다. 1999년 봄, 앨라배마주 의회는 주민들을 대상으로 그 해 가을에 복권사업을 도입하는 안건에 대한 찬반투표를 실시하기로 결정했다. 사우스캐롤라이나주 의회도 2000년에 복권사업 개시 여부를 묻는 투표를 실시하기로 했다. 노스캐롤라이나주와 테네시주에서도 비슷한 시도가 추진됐다.

미국에서는 이처럼 복권사업의 합법화가 비교적 최근에 이뤄졌다. 하지만 다른 많은 나라들에서는 복권사업이 새로운 게 아니다. 전 세계 140개 나라가 이런저런 형태의 도박을 허용하고 있고, 복권사업이 합법인 나라도 100개국이 넘는다.[16] 나이지리아, 프랑스, 멕시코, 필리핀 등 여러 나라들이 국가 차원에서 복권사업을 벌이고 있다. 이슬람 국가들은 복권을 비롯한 각종 도박을 금지하고 있지만, 이들도 복권의 유혹에 끌리고 있는 게 분명하다. 예를 들어 인도네시아 법률과 이슬람 율법이 도박을 금지하고 있지만, 인도네시아 정부는 "상금이 있는 자선 기부"[17]라고 에두르며 복권사업을 후원하고 있다.

영국은 최근에야 복권을 도입했다. 168년 동안 복권을 금지해 오다가 1994년에 드디어 국가 차원에서 복권사업을 재개한 것이다. 영국이 이런 결정을 내린 데는 많은 서유럽 국가들에서 복권이 판치고 있다는 사실이 자극이 됐다. 미국처럼 영국에서도 많은 사람들, 특히 성직자들이 복권에 반대했다. 1994년 초에 복권 당첨금 1780만 파운드가 1등 한명에게 돌아가자 웨이크필드의 나이젤 머컬럭 주교는 한탄하면서 이렇게 말했다. "1800만 파운드면 여기 웨스트요크셔 지역의 빈민들에게 얼마나 많은 것을 해줄 수 있는데 하는 생각을 나는 떨쳐버릴 수 없다. 이곳의 실업률은 80%에 이른다. 1800만 파운드가 있다면 지역사회를 위해 아주 많은 일을 할 수 있을 것이다."[18]

복권 게임의 진화

뉴햄프셔주와 뉴욕주에서 처음 도입한 '스테이크경마 복권'은 '수동적인 게임'이었다. 번호가 미리 인쇄된 복권을 산 뒤 그저 몇 달 동안 당첨자 발표를 기다리는 방식이었다. 이후 뉴저지주가 매주 당첨자를 뽑는 방식을 도입함으로써 흥미를 돋우기는 했으나, 게임의 방식은 여전히 수동적이었다.

복권 관련 물품 공급업체인 '사이언티픽 게임스'는 어떤 식으로든 복권 구매자를 능동적으로 참여시키는 방식이 흥미를 더 많이 끌어 판매를 늘릴 수 있게 해줄 것이라고 판단했다. 그래서 개발된 것이, 복권 표면의 라텍스 코팅을 벗겨내면 바로 당첨 여부를 확인할 수 있는 방식의 즉석복권이었다. 사이언티픽 게임스가 내놓은 즉석복권은 뉴저지주와 매사추세츠주에서 가장 먼저 도입했다. 이제 복권 구매자는 비록 단순한 방식이기는 했지만 당첨 과정에서 스스로 능동적인 역할을 하는 '경기자'가 된 것이다. 즉석복권의 성공 요소는 참여자의 기대감, 곧 복권의 코팅을 벗겨낼 때의 일정한 긴장감과 당첨 여부를 곧바로 알 수 있다는 즉시성이었다. 즉석복권의 당첨금은 1달러에서 100달러 사이로 이전의 수동적인 복권에 비해 훨씬 적었지만, 당첨금을 탈 확률은 훨씬 높았다. 이 방식은 아주 성공적이어서 1982년

에 이르면 미국에서 복권을 도입한 모든 주들이 다른 종류의 복권들과 함께 즉석복권도 발행하게 됐다.[19]

주마다 복권을 도입해 일정한 성과를 거두었다. 하지만 복권이 합법화되기 이전부터 성행했던 불법적인 숫자기입 방식 복권 쪽으로 여전히 많은 돈이 흘러갔고, 주 정부 관리들은 이를 안타까워했다. 당시의 불법 복권은 구입자가 직접 번호를 고르는 방식이었는데, 바로 이 점이 많은 이들의 관심을 끄는 요소로 작용했다. 사람들은 각자 나름대로 번호선택 기법을 발휘하면 당첨될 번호를 고를 수 있다고 믿었다. 이런 방식은 불법 복권 구입자들로 하여금 자신들이 복권을 통제하는 것 같은 착각을 하게 했지만, 실제로는 매일 새로이 벌어지는 경마의 결과에 따라 무작위로 당첨자가 결정됐다. 무작위로 뽑힐 번호를 미리 알게 해주는 기술이란 존재할 수가 없다. 따라서 스스로 복권을 통제한다는 느낌은 말 그대로 단지 느낌일 뿐이었다. 그럼에도 복권 구매자가 3자리 또는 4자리의 숫자들을 맞히거나 3개의 번호를 고르는 방식의 불법 복권은 계속 번창했다.

복권 구매자에게 스스로 통제한다는 느낌을 줌으로써 소비자들을 유혹하는 방식의 복권은 그 잠재적 시장 규모가 워낙 컸다. 때문에 복권 판매를 늘리려고 안간힘을 쓰던 주 정부들이 이런 숫자 고르기 방식의 복권 도입을 거부하기가 어려웠다. 주 정부들은 숫자 고르기 방식의 복권을 약간 변형해 도입했다. 당첨금 액수를 즉석복권보다는 훨씬 많게, 그러나 통상적인 복권보다는 적게 설정하고 추첨을 매일 하는 방식을 채택한 것이다.

이어서 나온 것이 로또(Lotto)이며, 지금은 로또가 주 정부 복권사업의 핵심을 이루고 있다. 로또는 1978년에 뉴저지주가 처음 도입했다. 로또는 1960년대에 뉴햄프셔주가 운영하던 전통적인 복권에 불법 복권의 요소를 결합한 것이었다. 로또 구매자가 다섯 개 내지 일곱 개의 숫자들을 직접 고르는 방식이었다. 예를 들어 '6/45 방식'은 45개의 숫자들 가운데 6개의 숫자를 고르는 식이다. 매일 실시되는 숫자복권에 견줘볼 때 당첨번호 6개를 맞힐 확률은 천문학으로 낮은 대신 당첨금 규모는 훨씬 컸다. 매주 실시되는 로또의 당첨자가 나오지 않으면 그 주의 당첨금은 다음주로 넘어가면서 누적돼, 당첨금이 때로는 수천만 달러에 이르기도 했다.

나는 최근 한 커피숍에서 남편이 부인에게 이렇게 말하는 걸 들었다. "가다가 복권 한 장 사볼까?" 부인은 이렇게 답했다. "왜 사요? 당첨금이 고작 400만 달러밖에 안되는데…." 이 부부의 대화는 복권 구매자들의 기본 신조를 반영한다. 당첨금이 클수록 더 흥분되고, 그래야 더 많은 사람들이 그 복권을 산다. 이런 현상을 증명해주는 일화들은 무수하다. 1994년 6월 뉴저지주 복권의 당첨금이 3890만 달러에 이르자 복권이 2190만 장이나 팔렸다.[20] 1995년 3월 오하이오주에서는 슈퍼로또의 당첨금이 무려 4000만 달러에 이르렀다. 당시 오하이오주 모레인에 있는 '구스네 식료품점'의 얼레인 깁슨은 "모든 사람이 미친 것처럼 행동한다"면서 "사람들이 보통 때보다 10~20배나 많은 복권을 산다"고 말했다.[21]

엄청난 당첨금이 흥분을 불러일으키는 것은 비단 미국에서만이 아니다. 영국에서는 국영 복권의 당첨금이 3500만 파운드에 달했던 1996년 1월, 복권 판매량이 보통 때보다 40%나 늘어났고 시간당 판매 기록이 연이어 경신됐다.[22]

　미국의 몇몇 작은 주들은 당첨금이 커질수록 복권 판매량이 늘어난다는 점에 주목했다. 그러나 개별적으로는 큰 액수의 당첨금을 내세울 처지가 못 됐던 이들 작은 주는 서로 연합해서 파워볼(Powerball)이라는 연합 복권을 만들어냈다. 파워볼 복권 구매자는 5개의 숫자와 파워볼 번호 등 모두 6개의 숫자를 맞혀야 한다. 이 연합 복권에는 20개 주 외에 워싱턴시도 참여했고, 덕분에 각 주로 돌아가는 수익이 그만큼 커졌다. 연합 복권에 참여한 주들은 각 주마다 판매소들을 설치해 놓고 이 복권을 팔았는데, 때때로 당첨금 규모가 엄청나게 커지곤 했다. 1995년 3월에는 애리조나주 피닉스에서 비서 일을 하는 45살 먹은 이가 1억 180만 달러를 당첨금으로 받았다. 지금까지 파워볼의 최고 당첨금액은 2억 9570만 달러였고, 이 당첨금은 오하이오주의 기계공장 노동자 13명이 나눠가졌다.

복권으로 이익을 얻는 자는?

각 주의 복권사업이 얼마나 급속히 성장했는지는 연간 판매 추이를 보면 금세 알 수 있다. 1973년의 복권 판매액은 6억 달러를 넘는 정도였다.[23] 그로부터 15년 뒤인 1988년 미국 전역의 복권 판매 총액은

160억 달러가량으로 크게 늘었다.[24] 1993년에는 253억 달러[25], 1997년에는 358억 달러로 급팽창했다(그래프 1-1 참조).[26]

주 정부들의 복권사업은 막대한 덩치로 커졌다. 1990년 경제잡지 〈포브스〉가 조사한 결과를 보면, 주 정부들의 복권사업을 모두 합치면 매출액 기준으로 유나이티드 테크놀로지에 이어 미국 내 24번째 대기업과 같은 수준이었다.[27] 복권사업으로 이익을 챙기는 곳은 주 정부들만이 아니다. 신테크 인터내셔널, 사이언티픽 게임스, 웹크래프트 게임스, 지테크, 컨트롤 데이터 코퍼레이션 등 복권장비 및 복권 관련 상품 제조업체들도 엄청난 수익을 거두고 있다. 이런 기업들은 온라인 서비스부터 즉석복권까지 복권 관련 서비스와 물품을 주 정부들에 공급하면서 매년 수백만 달러씩의 매출 실적을 올린다. 대형 복권장비 공급업체인 지테크는 복권용 컴퓨터와 통신장비를 제조해 판다. 로드아일랜드주에 본사를 둔 이 회사는 1978년에 처음으로 온라인 복권을 만들어냈고, 매출이 1980년 3300만 달러에서 80년대 말에는 1억 2600만 달러까지 늘어났다.[28]

복권 판매소는 물론, 복권용 컴퓨터 단말기를 갖추고 복권을 파는 상점, 그리고 주유소, 술집, 식당 등도 복권으로 큰 이익을 얻는다. 평균적으로 복권 판매소는 판매액의 5.5%를 수수료로 챙기며, 여러 주 정부들이 1등 당첨 복권을 판 판매소에 대해 일정한 비율의 포상금을 지급한다. 그러니 판매소들이 복권 광고를 열심히 하는 것도 놀랄 일이 아니다. 그래서 도시, 농촌 할 것 없이 온 나라를 복권 판매 표지판이 뒤덮고 있는 것이다.

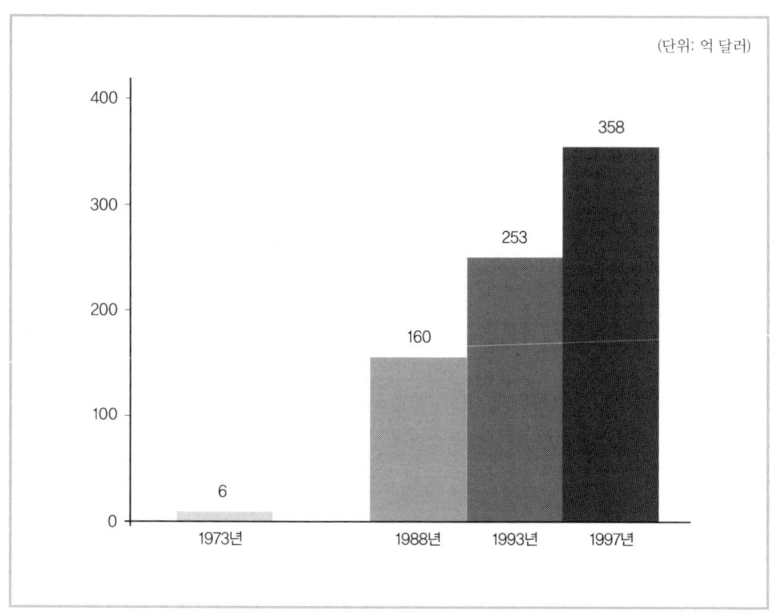

하지만 주 정부들과 계약을 맺고 더 많은 대중을 복권 구매자로 만드는 방법을 끊임없이 고안해내는 광고회사들에 비하면 복권 판매소들의 판촉 노력은 아무것도 아니다. 복권 판매가 지속적으로 급격히 늘어나는 것은 상당 부분 라디오, 신문, 잡지, 인터넷, 텔레비전을 통해 쏟아지는 복권 광고 덕분이다. 텔레비전에서 당첨자를 결정하는 프로그램을 방영하고, 복권 관련 게임쇼를 내보내는 것은 복권 판매를 부추기는 데 적잖은 구실을 한다.

광고업계는 주 정부들의 복권사업 덕택에 상당한 규모의 이익을 챙겨왔다. 1990년에 미국의 주 정부들이 복권 광고에 쓴 돈은 2억 9400

만 달러였다.[29] 복권 판매량을 유지하거나 확대시키는 일차적인 책임은 광고회사들에게 맡겨져 있다. 이들은 즉석복권 구매자들이 흥미를 잃지 않게 하려고 포커, 야구, 빙고 등 다양한 테마와 연계된 즉석복권을 꾸준히 만들어낸다. 오리건 주 정부의 복권 책임자인 제임스 대이비는 〈포브스〉를 통해 이렇게 설명한다.

> 우리에게는 도박도 올림픽도 모두 테마가 된다. 성탄절은 '연휴현금'이라는 테마로 쓴다. '행운의 별'은 사람들을 각자의 별자리로 자극하는 것이다. 우리는 둘 또는 셋, 넷 또는 다섯 가지의 복권 행사를 동시에 벌이면, 복권을 전체적으로 더 많이 팔 수 있다는 걸 알게 됐다. 사람들은 "행운의 별에서는 운이 없었지만, 농구 테마 복권에서는 잘할 자신이 있어"라고 말한다.[30]

광고회사들은 텔레비전의 복권 게임쇼 개발도 책임지고 있다. 복권 게임쇼를 처음 도입한 오하이오주는 1994년 9월에 게임쇼 방송 400회를 돌파했다. 400회에 이르는 동안 쇼에 참가한 사람 수는 3000명을 넘었고, 상금은 모두 4700만 달러에 이르렀다.[31] 이 게임쇼는 1987년에 시작된 '현금폭발'이라는 텔레비전 프로그램으로, 참가자들이 현금을 놓고 경쟁하는 내용이었다.

이런 복권게임 프로그램은 다른 텔레비전 게임쇼들과 달리 게임기술이 전혀 필요 없다. 참가자들은 어디 숨어 있는지 모르는 상금을 타기 위해 게임 판에 있는 사각형을 선택하기만 하면 된다. 시청자들은 참가자가 돈을 찾을 때마다 대리만족을 느끼며 이는 곧 게임쇼에 대한 흥미로 연결된다. 이런 프로그램은 흔히 휘황찬란한 조명과 음향 효과, 생기발랄한 진행자로 포장된다. 방청객들에게도 100~1000달러 정도의 상금을 탈 기회가 주어지는데 이 기회를 노리고 열광적인 방청객들이 모여든다.

시청자들로 하여금 매주 복권쇼에 채널을 맞추게 하는 최대의 유인 요소는 프로그램 도중에 진행되는 다음 주 출전자 뽑기다. 출전자가 되려면 먼저 특정 즉석복권을 사야 한다. 오하이오주에서는 현금폭발 복권, 일리노이주에서는 행운사냥 복권을 사야 한다.

이들 복권에는 '쇼 출전 복권'이 숨어있다. 운 좋게 쇼 출전 복권을 골라 산 사람들이 주 복권위원회에 우편으로 등록하면, 등록자들 가운데서 다음번 출전자를 뽑는 절차가 복권쇼 방송 중에 진행된다. 다양한 형식의 '시청자 참여 코너'도 사람들을 복권쇼 프로그램 앞에 붙들어 매는 한 가지 요소다. 예를 들어 일리노이주의 '행운사냥' 프로그램에는 '시청자 보너스 게임'이라는 코너가 있다. 이 코너에서는 즉석에서 번호를 하나 뽑아서, 그 번호가 적힌 즉석복권을 소지한 시청자에게 상금을 준다.

계속 쏟아지는 변형된 즉석복권, 텔레비전을 통해 방송되는 복권 게임쇼, 부단히 이어지는 광고…. 이 모든 것들이 복권사업의 성장을 이끌고 있다. 복권 참여층을 확대하고 판매를 증대시키기 위한 새로운 전략들도 지속적으로 개발되고 있다. 몇몇 주 정부들은 복권 자판기를 도입해, 사람들이 남의 눈을 의식하지 않고 복권을 기계적으로 살 수 있게 했다. 비디오 복권기계도 새로운 전략으로 채택됐다. 이는 비디오 포커를 변형시킨 것으로, 빛과 소리를 이용해 사람들을 유혹하는 자판기 단말기다. 하지만 복권 구입자의 기술은 당첨에 아무런 영향력을 발휘하지 못한다.

이는 즉석복권의 경우와 마찬가지다. 당첨 확률은 미리 프로그램돼 있다. 델라웨어, 오리건, 로드아일랜드, 사우스다코타, 웨스트버지니아 등 다섯 주가 비디오 복권기계를 운용하고 있다. 이들 다섯 개 주를 제외한 다른 주들은 이 기계의 도입을 꺼리고 있다. 대부분의 주에서 불법으로 규정하고 있는 슬롯머신과 이 기계의 겉모양이 비슷하기 때문이다.

그렇다고 비디오 복권기계를 도입하려는 시도가 줄어드는 것은 아니다. 예를 들어 오하이오주에서는 자판기 제조업계가 바와 선술집 등 접대업계와 함께 '오하이오주 비디오 복권 연합회'를 결성하고, 주 정부를 상대로 비디오 복권기계의 도입을 실현시키기 위한 로비를 벌이고 있다. 이 연합회의 대변인이자 '로이 조지 음악 및 자판'의 사장인 딕 조지는 〈콜럼버스 가디언〉지를 통해 비디오 복권을 이렇게 옹호했다.

우리의 노동자 고객들은 예전에 일을 마치고 나면 집 근처의 값싼 술집에 들러 몇 달러를 쓰면서 친구들과 휴식을 취하곤 했는데, 이제는 술집에 일주일에 한번 정도밖에 들르지 않는다. 술집에 오지 않는 날에 그들은 비디오테이프 한 개와 맥주 한 묶음을 사들고 집으로 향한다. 접객업계뿐 아니라 슬롯머신업계도 고객을 잃고 있기는 마찬가지다. 우리에게는 고객들의 왕래가 절실하다. 우리의 사업이 성공하려면 사람의 온기가 필요하단 말이다.[32]

오하이오주 의회는 비디오 복권 연합회의 요구를 아직은 받아들이지 않고 있다.

복권 판촉에서 또 한 가지 혁신적인 추세는 복권을 운동경기와 연결시키는 것이다. 오리건주는 1989년에 프로농구 및 미식축구와 연계시킨 '스포츠액션' 복권을 선보였다. 1980년대에 오리건대학은 운동선수 지원기금 모금에서 '태평양-10 지구'의 대학들 가운데 가장 뒤처져 300만 달러의 적자를 보았다. 1988년에 실시된 주 투표에서는 운동 프로그램을 지원하기 위해 맥주와 담배에 소비세를 부과하는 안이 부결됐다.

새로운 형태의 복권 도입을 추진하던 이들은 복권이야말로 대학 스포츠 팀을 지원하는 방법으로는 유일한 현실적 대안이라고 주장했다. 결국 오리건주가 발행하게 된 스포츠액션 복권은 몇 회에 걸친 운동경기의 승자 및 상대방과의 점수 차이를 미리 카드에 적어 넣고 내기를 거는 방식이었다. 이 복권의 가격은 카드 한 장당 1~20달러였고, 돈을 따려면 각 경기의 승자들을 모두 맞혀야 했다.

전미 미식축구리그는 〈뉴욕타임스〉를 통해 이 복권이 "스포츠의 순수성에 큰 위협"이 되며, 장기적으로는 "운동경기에 대한 대중의 신뢰를 무너뜨릴 수 있다"[33]고 비판했다. 미식축구리그는 법적 대응을 하겠다고 위협했지만, 이 복권의 운영 자체를 막으려고 하지는 않았다. 하지만 전국 프로농구협회는 오리건주의 복권에 대해 소송을 제기했고, 주 정부는 향후 5년 동안 프로농구는 복권에 연계시키지 않겠다고 약속했다. 오리건주는 스포츠액션 복권을 통해 1994년 1월까지 대학의 운동 및 장학 기금 980만 달러를 조성했다.[34]

이제 가정의 복권 구입은 날로 세련돼 가는 통신기술의 흐름에 올라탔다. 주 정부들은 인터넷 웹 사이트를 운영하고 있고, 사람들은 인터넷을 통해 복권을 사고 값은 신용카드로 치른다. 쌍방향 텔레비전이 개발되면 복권의 확산은 더욱 촉진될 것이다.

필요한 건 1달러와 꿈뿐

복권문화가 우리의 일상생활을 잠식해 들어온 것은 많은 책과 영화에서 확인할 수 있다. 경찰(배우는 니컬러스 케이지)과 웨이트리스(브리짓 폰다)가 복권 당첨금을 나눠 갖는다는 내용의 1994년도 영화 〈당신에게 일어날 수 있는 일〉을 보자. 이 영화는 수백만 달러의 복권에 당첨만 되면 삶이 순식간에 변할 수 있다는 환상을 반영하는 동시에, 사람들에게 이런 환상을 지속적으로 심어준다.

주디스 마이클의 소설 《황금단지》도 이런 환상을 주제로 삼았다. 이 소설에는 적당한 재산을 소유하고 살던 클레어 고다드라는 여성과 그의 딸 에마가 복권에 당첨된 뒤 돈을 흥청망청 쓰는 상황이 나온다. 독자들은 바로 다음과 같은 구절을 읽으면서 대리만족을 느낀다.

차는 내부가 새하얀 가죽으로 장식된 흰색 메르체데스 벤츠였다. 에마는 차가 구급차 같다고 말했다. "그래? 그럼 다른 색을 하나 고르렴"하고 클레어가 말했다. 에마는 검정색 가죽으로 내부를 치장한 체리빛 2인승 벤츠 스포츠카의 보닛을 손으로 어루만졌다. 그러자 클레어는 판매원을 향해 고개를 끄덕이면서 말했다. "이 차도 사겠어요." 에마가 감격해 "두 대나요?"라고 말했다. "네가 학교에 두고 쓸 차 한 대가 따로 있으면 좋아할 거라고 생각했지." "있으면 좋아할 거라고요? 어머나, 엄마!" 엠마는 엄마를 포옹했다. "엄마, 정말 멋져요. 모든 게 멋져요. 모든 것이 정말로 완벽하리만치 참신하고 놀랍지 않아요?"[35]

또 다른 구절에서 클레어는 125만 달러를 들여 매입한 새 집을 둘러본다.

이삿짐 부리는 이들이 모두 갔지만, 아직도 클레어는 새 집의 방들을 둘러보고 있다. 내 집이야, 내 집이야, 내 집이야 라고 속으로 되뇐다. 그녀는 반짝이는 바닥에 깔린 빨간색과 검정색과 파란색의 동양식 융단이 마음에 들었다. 빨간 소파와 연회색 팔걸이의자와 정원이 내려다보이는 커튼 없는 창문도 너무 좋다. 하얀 소파와 호두나무 책꽂이가 놓인 서재의 짙은 녹색 벽도 마음에 쏙 든다. 지금은 비어 있지만 내일은 사람 3명이 와서 서재를 책으로 가득 채울 것이라고 그녀는 생각했다. 너무 좋았다. 침실의 고요함도 그랬다. 한쪽에는 벽난로가 설치돼 있고, 살구색과 흰색 가구도 있다. 위쪽에 달려 있는 창문에는 레이스로 장식된 커튼이 쳐져 있다. 천

장이 높은, 이 넓은 방이 내 방이고 내 집이라고 그녀는 생각했다. 이 모두
가 내 것이라는 사실이 믿기지 않아, 라면서.[36]

　텔레비전과 신문들은 복권으로 부를 얻은 사람들의 화려한 이야기
를 '미래의 복권 당첨자 후보들'에게 퍼뜨린다. 데이비드 N. 데마레
스트의 사례를 보자.

　1992년 52살이던 그는 파산해서 아들과 함께 뉴저지 고속도로가
내려다보이는 방 한 칸짜리 아파트에 처박혀 지냈다. 그는 25년 동안
전화회사인 뉴저지벨에 근무하면서 전화를 설치해주는 일을 했다. 어
느 날 그는 뉴저지주의 복권을 한 장 샀다. 가능성이 거의 없는 일을
통해 자기 삶을 바꾸려고 하는 수백만 명의 다른 사람들이 흔히 하는
행동을 그도 한 것이었다. 그가 당첨될 확률은 930만 분의 1이었다.
그런데 그는 번개에 맞을 확률보다 더 낮다는 복권 당첨 확률을 뚫고
행운의 주인공이 됐다. 4430만 달러의 당첨금을 나눠 갖게 되는 4명
의 당첨자 중 한 사람이 된 것이다. 그의 몫은 25년 동안 매년 세금을
빼고도 44만 달러씩 쓸 수 있는 금액이었다. 〈뉴욕타임스〉는 그의 이
야기를 다음과 같이 전했다.

　그의 삶은 기대했던 것보다 훨씬 행복하게 변했다. 이혼한 지 8년도 넘은
그와 그의 전부인은 이제 함께 산다. 창고에서 일하는 아들 스콧은 아버지
로부터 우드브리지의 아파트를 물려받아 안정을 찾았고 결혼도 했다. 주
유소에서 일하던 딸 미지는 대학에 진학하기로 했다.[37]

데마레스트와 그의 전부인은 플로리다주 케이프커내버럴의 해안에, 바다가 내려다보이는 집을 장만했다.

> 그는 아직도 새 집의 위세에 눌려있다. 야자나무 같은 열대 나무들이 줄지어 서있는 풀밭 지대 도로에서 조금 벗어나 있는 그의 집은 언덕 아래의 헛간만한 집들과는 확연히 구별된다. 2층 전체가 그의 침실인데, 가로 세로가 58피트와 30피트에 이른다. 바다가 넓게 펼쳐져 보이는 뒤뜰에 서면, 여기가 낙원이라고 믿을 지경이다.[38]

텔레비전과 신문 광고는 사치스런 집과 차들을 보여줌으로써 사람들로 하여금 부를 꿈꾸도록 유도한다. 광고업자들은 환상을 이용해 사람들의 환상을 불러일으킨다.

1994년 3월에 뉴욕주에서 발행된 복권은 호화스러운 정원과 화려한 인테리어로 한껏 꾸며진 대저택의 이미지를 내세워 사람들을 끌어들였다. 그러나 이 저택은 실제로 존재하는 것이 아니었다. 그것은 뉴욕주 하이드파크에 있는 밴더빌트 저택, 프랑스 쇼 지역에 있는 유명한 17세기 정원, 뉴욕주 스타스버그에 있는 방 69개짜리 밀스 저택의 내부 모습 등을 조합한 것이었다. 게다가 저택과 정원 등 각 구성요소들은 컴퓨터로 실제보다 훨씬 더 멋지게 다듬어졌다. 이렇게 조합해 만들어진 대저택의 이미지는 "당신에게 필요한 것이라곤 1달러와 꿈뿐"[39]이라는 문구와 함께 대중에게 던져졌다.

복권에 대한 사회학적 고찰

복권을 비난하던 이들의 반대와 우려의 목소리들은 어느새 역사적인 참고사항 정도에 불과한 것이 돼버렸다. 그런데 지금 형평과 정의, 그리고 사려 깊은 사회정책에 대해 우려하는 것은 근거가 있는가? 이 책은 한 가지 사회학적 관점을 통해 정부 복권의 재등장과 확산, 그리고 그것이 낳는 결과를 검토하고자 한다. 정부 복권의 문제를 검토하는 데 적용할 사회학적 관점은 갈등론, 특히 칼 마르크스의 영향을 받은 갈등론이다.

마르크스의 유산 가운데 가장 오래도록 살아남을 것들 가운데 하나는 경제적 힘이 사회제도에 끼치는 강력한 영향에 대한 분석이다. 사람들이 상품과 자원을 생산하고 배분하는 방식은 '사람들이 허용할 수 있는 행동이란 이러저러한 것들이라고 생각하는 사고방식'에는 물론 '사람들이 사회를 구성하고 서로 간에 관계를 형성하는 방식'에까지 강력한 영향을 끼친다. 지난 1만 년 동안 힘있는 지배 엘리트들이 경제제도에 막강한 영향력을 행사해, 자신들에게 실질적으로 이로운 것으로 만들어 왔다고 마르크스는 지적했다.

이들 엘리트는 다른 사회적 힘, 다시 말해 정치, 종교, 교육의 체제를 이용해 불평등하고 억압적인 경제제도를 합리화한다. 예나 지금이나 대부분의 사람들은 현상을 유지하는 이념을 믿도록 교육받기 때문에 기존의 제도를 대체로 받아들인다. 이런 이념들은 일반적으로 재산이 적은 이들을 깎아내리는 반면 특권층은 높게 평가하는 성향을 띤다. 앞으로도 살펴보겠지만, 마르크스의 관점은 최근 복권이 다시 등장하고 성장하는 것을 가능케 한 정치경제적 조건들을 해명하는 데 도움이 된다.

다음 장에서는 복권이 후기 봉건사회에서 자본주의로 넘어오던 때 처음 만들어져 사용됐음을 살펴볼 것이다. 당시 복권은 '불공정하고 사기성이 짙다'고 널리 인식됐음에도 도입됐다. 서구에서 많은 종교 세력들이 꾸준히 반대했음에도 복권은 제국주의의 팽창과 공공사업에 쓰일 재원을 마련하는 데 활용됐다. 18~19세기에는 도덕적인 이유에서 복권을 폐지시키려는 노력이 꾸준히 이어졌다. 그러나 정작 19세기 말에 미국에서 복권이 사라진 것은 다른 이유에서였다. 이 시기의 자본주의 발달 단계에 걸맞은 자본창출 제도들이 생겨났기 때문이다. 복권이 더 이상 자본창출 도구로서 필요하지 않게 된 뒤에야 도덕적 주장이 위력을 발휘했다.

다음 장 뒷부분에서는 20세기 미국에서 기업자본주의가 발전한 결과, 거대 기업을 지배하는 극소수 사람들이 내리는 결정에 평범한 사람들이 의존하게 된 현실을 다루고자 한다. 자본의 이윤 추구는 20세기 말 미국의 탈공업화와 자본의 국내투자 회수, 그리고 기업 친화적인 외국으로의 투자처 이전 추세를 촉발한 것으로 알려져 있다. 이런 추세는 기업이 지배하는 경제 체제 속에 편입된 수많은 사람들의 삶의 질을 떨어뜨리는 결과를 초래했고, 한때 정부 금고를 가득 채우던 세수를 감소시켰다. 그리하여 생겨난 경제적 필요가 정부 복권을 다시 등장시켰고, 개인들의 경제적 어려움과 불확실성은 복권이 가져다

줄 거라고 여겨진 경제적 기회에 대중이 집착하도록 재촉했다.

이어 3장에서는 복권은 역진적 과세 제도이기 때문에 가난한 사람들에게 불리한 게 명백함에도 복권을 이용하는 미국 정부 정책의 문제점을 고발할 것이다. 정부는 끝없이 계속되는 번지르르한 가종 광고들을 통해 복권을 사도록 시민들을 유혹하고 있다. 각 주 정부들은 아프리카계 미국인 같은 계층을 복권의 집중공략 목표로 삼고 있으며, 복권 수입이 어떻게 쓰이는지는 물론이고 복권 당첨의 가능성이 어느 정도인지에 관해서도 대중을 오도하는 사기를 일삼고 있다. 도박 중독증이 만연하고 각종 도박이 날로 늘어나는 원인이 정부에 있음을 보여주는 증거가 제시될 것이다.

3장의 후반부에서는 이런 무책임한 공공정책은 그저 한번의 일탈이 아니며, 사실은 자본주의 사회에서 국가의 본성에 들어맞는 것이라는 주장을 펼칠 것이다. 이런 주장의 근거로, 미국 정부가 지난 30년 동안 부자들에게 유리한 법과 정책을 통해 그들의 성장과 이익을 어떻게 보장했는지를 간략히 검토할 것이다. 정부의 이런 태도는 복권이 다시 등장하게 만든 원인이기도 하다.

4장에서는 먼저 미국에서 사회적 불평등이 어떻게 정당화됐는지를 간략히 검토할 것이다. 미국인들은 열심히 일하는 사람에게는 부자가 될 기회가 열려있다는 믿음을 주입받아 왔으며, 정부의 복권사업도 이런 개인의 경제적 발전 가능성에 대한 신념을 강화시켜 왔다는 점이 지적될 것이다. 정부는 복권을 조장하는 과정에서 '부를 얻는 것은 누구나 가능한 일이며 경이롭고 유별난 경험' 이라는 관념을 퍼뜨린다는 점을 보여줄 것이다.

또 이런 관념의 유포를 통해서 갑부와 빈곤층이 공존하는 현실을 정당화한다는 점도 지적할 것이다. 이어 복권은 경제적 어려움에 처한 이들에게 허황된 목표를 제시하는 동시에, 자신들의 고통을 유발한 주범들인 정치, 경제적 기득권층의 문제에 이들이 관심을 기울이지 못하게 하는 일종의 안전판 구실도 한다는 점을 지적할 것이다. 마지막으로 정부는 복권 판촉 과정에서 대중들에게 '행운의 번호'에 돈을 걸라고 유혹함으로써 주술적이고 초자연적인 힘에 대한 미신을 퍼뜨리기까지 한다는 점을 보여줄 것이다. 이런 미신의 조장은 경제적으로 박탈당한 이들을 상대로 하는 심리상담업이 번성할 토양을 제공했다는 점도 지적할 것이다.

끝으로 5장에서는 1970년대와 1980년대에 복권이 다시 등장할 여건을 만든 경제, 정치적 문제점들이 1990년대에도 해결되지 않았음을 보여줄 것이다. 또 복권이 21세기에도 계속 성장하는 것을 방지함과 동시에 사회정의를 확대시키려면 중산층과 저소득층이 무엇을 해야 하는지를 검토할 것이다.

복권에 대한 검토 작업은 먼저 역사에서 시작하고자 한다. 마르크스 같은 고전적인 사회학적 저술가들처럼 오늘날의 사회학자들도 일상생활 양식을 밝히는 데 역사를 활용한다. 이와 관련해 20세기의 저명한 사회학자인 C. 라이트 밀스는 자신의 저서 《사회학적 상상력》에서 이렇게 썼다.

사회에 대한 그 어떤 연구라 할지라도 전기(傳記)와 역사, 그리고 사회 속에서 이 두 가지가 교차하는 문제로 귀착되지 않는다면, 그 연구의 지적 탐구가 완성됐다고 말할 수 없다.[40]

그래서 이 책의 분석도 미국 복권의 역사와 20세기 말 복권이 다시 등장하는 데 기여한 요소들에 대한 간단한 검토로 시작하고자 한다.

미국 역사 속의 복권

2장 미국 역사 속의 복권

영국 상인들이 북미 정착민들을 상대로 돈을 벌기 위해 세운 회사 '버지니아 컴퍼니 오브 런던'은 1607년 북미 현지에 일종의 식민지인 제임스타운을 건설했다. 이 회사가 선발해 제임스타운에 이주시킨 사람들은 이곳의 새로운 환경에 적응할 시간도 갖지 못한 채 곧바로 금, 목재, 광석, 석탄 등 수익을 낼만한 수출품목을 찾는 일에 내몰렸다.

그로부터 약 1년 뒤 노획물들을 영국으로 실어 나를 배가 도착했는데, 그때까지 살아남은 사람들은 애초의 3분의 1뿐이었다. 그 뒤 몇 년 동안 이 정착촌은 질병과 기근, 화재와 분쟁으로 얼룩졌다. 제임스타운은 투자자들에게 별다른 수익을 돌려주지 못했고, 정착촌을 유지할 자금은 바닥났다. 1612년 영국 왕 제임스 1세는 어려움에 처한 이 식민 지역에 필요한 자금을 마련하기 위해 버지니아 컴퍼니에 복권 이용을 허용하는 칙령을 내렸다. 이 복권은 영국 전역에 걸쳐 홍보됐다. 홍보 전단에는 이런 시구가 적혀있었다.

왕국의 뿌리를 내리기 위해서라네,

미개인들이 사는 땅에.

신은 기독교인들을 여전히 도우시리,

그들의 목적을 기꺼워하시리.

용기를 갖고 흔쾌한 마음을 품어라,

손과 가슴이 합일하게 하라.

이보다 더 용감한 사업은

그 어디에도 없으리.[1]

1620년까지 식민지 제임스타운의 경영에 필요한 자금의 거의 절반이 복권 수익으로 충당됐다.[2]

16세기 이전까지만 해도 '제비뽑기'는 종교의식 도중 어떤 결정을 내릴 때나 하는 것이었다. 당시엔 신의 의지를 발견하기 위해 제비뽑기를 주기적으로 실시했다. 따라서 복권 놀음은 신성모독이자 신의 섭리에 도전하는 것으로 받아들여져 비난의 대상이었다. 하지만 16세기에 이르러 경제 및 사회 체제가 변화함에 따라 재정이 급속도로 어려워졌다. 국민국가 형성에 참여한 특권층은 그들의 제국을 관리, 보호, 확대하고 자신들의 사치스런 생활을 유지할 자금이 필요했다. 1569년 영국의 엘리자베스 여왕은 국고를 유지하기 위해 복권을 허용

했다. 그리고 버지니아 컴퍼니 같은 신생 기업의 경우는 투자할 자금
이 필요했다.

이 시절, 출생과 전통에 따라 사회적 신분이 결정되는 농업 기반의
봉건제가 쇠락함에 따라 복권에 대한 대중의 요구는 강화됐다. 자본
주의의 등장과 함께 많은 인구가 시장으로 밀려나와 그저 생존할 수
있을 정도의 임금에 노동을 팔도록 강요당하면서, 신분제와 같은 과
거의 사회관계는 사라졌다. 신분사회는 경제적 자유경쟁이 지배하는
계약사회에 자리를 내줬다.[3]

초기 자본주의를 상기하면서 로버트 하일브로너와 레스터 서로는
《경제학 해설》에 이렇게 썼다.

> 자본주의의 경제적 자유는 양날의 칼처럼 다가왔다. 한편으로 새로운 자
> 유는 법적인 계약을 맺을 권리가 없었던 개인들에게 소중한 성과였으며,
> 유망한 부르주아 상인들에게는 새로운 신분을 보장하는 허가증이었다. 최
> 하층민 일부에게조차 경제적 계약의 자유는 탈출구가 없던 과거의 처지에
> 서 벗어나 신분상승을 시도할 기회를 열어주었다. 그러나 경제적 자유는
> 더 가혹한 측면도 갖고 있었다. 그것은 너나할 것 없이 모두가 생존을 위
> 해 투쟁하는 거친 바다에서 자기 스스로의 노력만으로 익사를 피해야 한
> 다는 것이었다. 이런 생존의 바다에서 수많은 상인들과 그들보다 더 많은
> 수의 실업 노동자들이 시야에서 사라져 버렸다.[4]

지위 향상의 기회를 호시탐탐 노리는 사람들과, 그저 살아남으려고

애쓰는 사람들이 상당한 규모의 복권시장을 형성하는 밑바탕이 됐다. 이리하여 복권이 금융자본을 형성하고 정부 세입을 늘리는 데 이용됐고, 권리를 박탈당하고 착취당하던 대중에게는 영국 자본주의 초기의 험난한 시절에 재산을 불릴 수 있는 가능성을 제공했다.

버지니아 컴퍼니가 제임스타운에서 시도한 수익사업은 실패로 끝났지만, 미국 식민지에서 상당한 재화가 확보됐다. 이 재화는 아메리카 원주민들의 땅을 강제로 수용하거나 그곳 사람들을 도제나 노예로 삼아 착취해서 확보한 것들이었고, 그 대부분은 유럽의 귀족층이나 초기 자본주의 상인들에게 돌아갔다.

영국인들은 아메리카 식민지의 약탈을 통해 이익을 얻으면서도 그 기반시설 건설에는 자금을 대길 꺼려했다. 이 때문에 북미에서도 복권이 굳게 뿌리내리게 됐다. 북미에서는 식민지 시대를 통틀어 복권이 부두, 도로, 다리, 교회, 학교 등을 짓는 데 필요한 자금을 조달하는 필수적인 수단이었다.

18세기 후반에 독립한 뒤에도 미국은 과거와 다름없는 부도덕한 방법으로 재화를 계속 창출해 주로 특권층끼리 나눠 가졌다. 새로 탄생한 국가 미국에는 금융기관이 거의 없었고, 공공사업을 하기 위한 자본도 부족했다. 유럽 대륙의 엘리트들처럼 미국의 엘리트들도 공공사업을 하는 데는 자신의 재산을 내놓지 않으려 했다.

그래서 1790년대에 워싱턴시는 시설 개선 및 건설 자금 마련을 위한 복권을 잇따라 발행했다. 1790년부터 남북전쟁 때까지 복권은 럿거스, 컬럼비아, 브라운, 다트머스, 프린스턴, 예일, 하버드 등 47개

대학을 위한 재원을 마련하는 데 이용됐다.[5] 영국과 한 치도 다름없이 미국의 개인사업가들 역시 복권이 제지공장, 제철공장, 양조장, 못공장, 유리공장 같은 공장시설을 확장하고 신규사업을 벌이는 데 자금원이 된다는 사실을 인식하게 됐다.

이 시기 많은 지도자들은 당연히 복권의 확산을 비판했다. 1699년 회중교회 성직자 모임이 복권 수익금에 비해 당첨금이 턱없이 적다는 점을 근거로 복권을 비난했다.[6] 복권의 도덕적 영향을 우려한 회중교회* 목사 코튼 매더는 그 해에 이런 글을 남겼다.

> 복권…. 그 운영자들은 사람들로부터 돈을 뜯어내겠다는 욕심뿐이며, 이익을 나눠가질 수 있을 것이라는 희망을 품은 이들을 협력자로 끌어들인다. 이런 행태는 인류의 타락을 초래할 뿐이다. 아무 일도 하지 않은 채 다른 사람의 재산을 자기 것으로 만들겠다는 생각이 사람들로 하여금 실패할 위험도 감수하게 만든다.[7]

복권에 대한 반대의 목소리는 상인들로부터도 터져 나왔다. 상인들은 복권이 "통상적인 상업의 영역으로부터 상당량의 돈을 빠져나가게 한다"[8]고 불만을 터뜨렸다. 식민지 정부 관리들도 우려를 표시하기 시작했다. 이들은 복권이 "하층민 계급에 해를 끼친다"며 "큰 기대감에

---

* Congregational Church. 1560년 영국에서 종교개혁의 미진함에 항거하는 청교도들에 의해 시작됐다. 이들은 영국 국교회로부터 혹독한 박해를 받게 되자 1620년 미국으로 이주했으며 미국 초기 역사와 문화, 교회를 이끌었다.

흥분된 사람들이 흥미가 덜한 추첨식 판매가 벌어지는 선술집에는 잘 드나들지 않는다"[9]고 우려했다.

1700년대 초에 접어들면서 복권과 관련된 사기와 부패가 점차 늘어나고 이에 대한 우려가 높아지자, 식민지 정부 기관들이 복권사업에 대해 정부의 사전승인을 의무화하는 법률을 만들기 시작했다. 비판이 커지고 문제점이 노출됐지만 여전히 식민지 의원들은 복권 자체를 불법화할 태도는 보이지 않았다. 은행과 같은 자본창출 기관은 아직은 덜 활성화한 상태였고, 그렇다고 세금을 부과하는 건 인기도 없을뿐더러 관철하기도 힘든 일이었다. 공산품이 영국에서 상당히 비싼 가격에 수입된 탓에 식민지의 돈은 바닥났지만, 영국 법은 추가적인 통화 확보에 필요한 신용한도 확대를 금지하고 있었다. 이런 요인들이 자금 부족과 전반적인 금융 불안을 유발했다.

이런 환경에서 복권은 상업의 발달과 공공사업을 위한 자금 조성에 핵심적인 구실을 했다. 18세기 경제구조에서 복권의 중요성은 조지 워싱턴, 벤저민 프랭클린, 윌리엄 페어팩스, 조지 메이슨, 토머스 제퍼슨 같은 유명 인물들이 복권을 장려한 데서도 알 수 있다.[10] 은행 등 금융기관이 존재하지 않는 상황에서 제퍼슨은 이렇게 지적했다.

때로는 재산 하나의 값어치가 너무 커서 그 소유자는 갚아야 할 빚을 지고 있는데도 자신의 재산을 사갈 구매자는 찾을 수 없을뿐더러 다른 지불수단도 갖고 있지 못하며, 그 채권자도 문제의 재산을 사들일 능력이 없어 그것을 매각 처리함으로써 자금을 회수하는 것 외에는 다른 도리가 없는

상황이 있다. 이럴 때 복권은 재산을 처리하는 좋은 수단이 된다.[11]

복권은 공공시설 개선사업의 재원 조달, 새로운 사업자금 마련, 교회와 학교 건설, 대규모 자산의 처리 등을 위해서도 쓰여졌지만, 전쟁 자금 조달 수단으로도 활용됐다. 식민지 주민들을 프랑스-인디언 전쟁*으로 몰아넣은 세계 제국주의자들 사이의 투쟁은 상당한 고통과 비용지출을 유발했는데 이런 식민지 전쟁과 관련된 일을 지원하는 데도 복권이 동원됐다.

게다가 영국으로부터 독립하려는 투쟁은 심각하게 제동이 걸린 상태였다. 당시 미국에는 중앙정부가 없었고, 대중은 독립에 대해서는 지지하면서도 그에 필요한 돈을 대는 문제에서는 소극적인 이중적 태도를 보였기 때문이었다. 이에 따라 독립전쟁(1775~1783)에 필요한 자금 중 일부가 복권을 통해 조달됐고, 전후복구 자금을 마련하는 데도 복권이 이용됐다. 복권 역사가인 존 새뮤얼 이젤은 자신의 저서 《행운의 수레바퀴》에서 이렇게 서술했다.

해야 할 일은 전쟁에 따른 폐허를 복구하고 신생 국가의 물질적 기반을 확보하는 것이었다. 후미진 시골들을 연결할 길과 다리, 생산품을 시장으로 수송할 수로와 운하, 경제를 일으킬 새로운 산업, 사람들의 내면을 돌볼 교회와 학교…. 이 모든 것들이 돈을 필요로 했다. 세금을 거두는 것만으

---

* 1754~1763년 미국 대륙에서 영국과 프랑스-인디언 연합군이 싸운 전쟁으로 영국의 승리로 끝났다. 그 결과 미국 대륙의 프랑스 영토는 영국과 스페인에게 넘어갔다.

로는 충분하지 않았고, 개인들의 소액 기부를 통합할 조직도 없었다. 주식이나 채권은 아직 발행하지 않는 상황이었고, 많은 경우 복권만이 유일한 재원이 되는 듯했다. 그래서 때때로 애국심이 아닌 탐욕이 신생 국가인 미국의 미래를 재정적으로 뒷받침했다.[12]

1776년부터 1789년까지 13개 북미 식민지들을 통합한 합의문서인 '연합규약'에 따라 각 주가 독자적인 화폐를 발행했다. 이는 극심한 인플레이션을 유발했고, 전체 통화 체제에 가치저하 사태를 불렀다. 지도자들은 너무 많은 은행이 설립되고 대출이 남발되면 통화가치가 계속 떨어질 것이라고 우려했다. 이 때문에 1781년까지는 미국에서 상업은행이 단 한 곳도 허용되지 않았다. 1789년 새 헌법이 비준된 시점에도 상업은행은 겨우 세 곳뿐이었고,[13] 이들 초기 은행은 자금관리를 극히 보수적으로 했다.

초기 미국에서는 자본주의 금융제도가 느리게 발달했다. 당시 부유층이 통화가치 하락으로 인해 자신들의 투자자금과 투기자금이 줄어드는 것을 우려했기 때문이었다. 그래서 19세기 초반부터 중반까지 상업적인 개발사업은 물론 정부 건물의 건축이나 도로, 수도, 소방시설의 설치 등 공적 용도의 자금을 조달하는 수단으로도 복권이 활용됐다. 주로 주변부로 밀려나고 권리를 박탈당한 사람들이 그들의 삶을 개선해보겠다는 희망을 걸고 사는 복권이 공공사업의 자금줄이 됐던 것이다.

역사가인 존 바크 맥매스터는 당시 복권이 경제적 도구로 과도하게 이용됐던 점에 주목하고 "법원과 감옥이 있을 정도로 큰 도시에서는 으레"[14] 회전식 복권 추첨기가 있었다고 지적했다. 복권이 널리 이용되는 데 대해 일부 종교인들은 여전히 반대를 외쳤지만, 많은 교파들은 교회 건축 자금을 마련하기 위해 복권을 활용했다.

유럽의 복권 문제

유럽에서는 생활형편이 그리 나쁘지 않은 사람들도 복권을 사는 대열에 끼어들어, 스스로 교회와 학교 건설 및 관련 사업을 위한 자금 조성에 동원됐다. 16세기 프랑스 파리에 세워진 생쉴피스 성당과 파리 군사학교가 바로 이런 복권 발행을 통해 건립된 곳들이다.

복권을 정당화하고 부추기거나 도박에 대한 오래된 반감을 억제하는 데 도움이 된다면 종교도 동원됐다. '가난하지만 정숙한 여인'들의 결혼지참금 마련을 돕기 위해 발행된 자선복권의 1등 당첨 복권에 "하느님이 당신을 선택하셨다"는 문구를 적어 놓았다. 복권 추첨은 종려주일에 시행됐고, 교황 섹스투스 5세는 이 복권을 운영하는 이들의 죄를 사면해줬다.[15]

1776년에 이르면 심각한 재정적자에 시달리던 정부가 복권사업을 독점하면서 민영 복권을 불법화했다. 하지만 프랑스혁명 지도자들은 복권이 빈민들을 착취한다는 점 때문에 정부의 복권사업에 극도로 비판적이었다. 한 신임 공화정 관리는 복권을 "잘못된 꿈을 심어줌으로써 시민들을 침묵시키기 위해 폭군이 고안해낸 채찍"이라고 불렀다. 의회에서 복권 문제를 토론하는 과정에서 한 의원은 "어리석음이나 절망을 바탕으로 삼아 거둬들이는 세금"[16]이라고 복권을 비판했다.

프랑스 혁명정부는 1793년에 모든 복권을 폐지했다. 그러나 새 정부의 도덕적 우월성은 1799년에 복권이 다시 발행되면서 무너졌다. 정부가 재정적인 어려움을 겪는 상황 속에서도 프랑스인들이 불법적으로 외국 복권을 사기 때문에 프랑스의 국내 자산이 해외로 유출된다는 점을 알게 된 정부가 다시 복권사업을 시작한 것이다.

프랑스의 복권은 그 뒤 계속 살아남았다가 1836년에 일시적으로 금지됐다. 미국에서와 마찬가지로 1830년대 프랑스의 복권 비판자들은 복권이 가난한 사람들에게 피해를 주고, 전통적인 상업의 영역에서 재원이 빠져나가게 만든다는 것을 반대의 이유로 들고 나왔다. 한 복권 반대자는 당시 의회였던 '500인회'에서 이렇게 주장했다.

아이가 굶어죽어 비탄에 빠진 이 어머니에게 물어보라. 그는 이렇게 말할 것이다. "남편이 도박에 빠져 돈 한 푼 남겨주지 않았어요"라고. 이 기업에 왜 파산했는지 물어보라. 복권이 원인이다.[17]

17세기 영국에서는 왕이 버지니아 컴퍼니를 지원하고 정부 재정을 확충한다는 등 다양한 목적을 위해 복권을 허용했다. 복권에 대한 반대의 목소리는 17세기 중반부터 나타나기 시작했다. 반대자들은 "복권이 주는 흥분이 상업과 산업을 도덕적으로 타락시킨다"며 "가장 천

한 사람들도 일을 하지 않으려 한다"[18]고 주장했다. 의회에서는 1699
년 복권을 금지하는 법을 통과시켰다. 이 법은 서문에서 복권에 대해
이렇게 단언했다.

> 가장 불공정하고 가장 부정하게 … 어린이와 신사의 시종들, 무역업자와
> 상인들로부터 많은 돈을 빼앗아 … 많은 가정들을 파괴하고 빈곤으로 몰
> 아넣는다.[19]

하지만 프랑스에서와 마찬가지로 영국에서도 복권 금지는 오래가
지 못했다. 영국 의회는 1709년부터 정부가 세수 확보를 위해 복권을
발행하는 것을 허용했다. 이로부터 100년이 지난 뒤에야 하원에 복권
의 사회적 영향을 연구하는 위원회가 설치됐다. 이 위원회는 "복권 때
문에 파멸한 사람들의 무시무시한 이야기들로 가득 찬"[20] 보고서를 내
났다. 이어 1823년 영국 의회는 "복권을 존속시키는 것은 도덕을 타
락시키고 하층민들 사이에 투기와 도박심리를 부추긴다"[21]는 사실을
확인했고, 이에 따라 프랑스에서처럼 복권 금지조처가 단행됐다.

미국 내 복권의 쇠퇴

새삼스러울 것도 없지만, 18세기와 19세기 초 미국의 대중은 복권을
지지했다. 나중에 새로운 공화국이 된 동부 13개 식민지에서는 백인

남성들의 사회, 경제적 기회가 유럽에 비해 훨씬 양호했지만, 동시에 불평등도 아주 심했다. 1760년에 5개 식민 도시에 거주하던 500명도 채 안되는 상인들이 동부 해안지역 상거래의 대부분과 광활한 땅을 장악하고 있었다.[22] 중소상인이나 전문직 종사자들이 얼마 안 되는 중산층을 이루고 있었을 뿐, 나머지 대부분의 자유시민이란 가난한 토지점유 농민, 세입자, 공유지 무단 점거자, 노동자, 점원, 계약직 시종이나 쥐꼬리만한 임금을 받는 하인 등이었다.[23]

부의 극심한 격차는 19세기 내내 지속됐다.[24] 예를 들어 1829년 뉴욕 시 인구 가운데 가장 잘사는 4%가 전체 부의 49%를 소유하고 있었다.[25] 1845년에는 이 비율이 66%까지 높아졌다.[26] 19세기 미국에서는 대부분의 도시들에서 시민들 가운데 가장 부유한 1%가 전체 부의 40~50%를 차지하고 있었고, 가장 부유한 10%가 소유한 부의 비중은 전체의 80~90%에 달했다.[27]

식민지 미국에서 재산이 얼마나 중요했던지는 1748년 뉴욕 시민 캐드월러더 콜든이 한 말에 잘 드러나 있다. 그는 "젊은이들 사이에서 번지는 유일한 삶의 원칙은 '돈을 벌어라'이고, 사람을 평가하는 유일한 기준은 '그가 가진 돈'이다"[28]라고 비판했다. 19세기 초에도 빨리 돈을 벌어야 한다는 생각이 팽배했고, 이에 대해 미국 전쟁부의 고문 존 J. 앨버트는 이렇게 썼다.

부자가 되겠다는, 그것도 빨리 부자가 되겠다는 욕망은 우리나라 전체를 엄습하고 있는 죄악이다. … 성공만 한다면, 성공을 이룬 수단은 누구도 따지지 않는다. 너무나도 뻔하게 부정을 저지르지만 않는다면 비난받을 일도 드물다. 당신 주위의 세상을 한번 둘러보라. 가난하다는 것이 얼마나 큰 범죄인지를 알 것이다.[29]

복권은 단숨에 인생을 역전시킬 기회를 제공했다. 대다수 사람들에게는 복권을 빼고는 생활 조건을 급변시킬 수단이 전혀 없었다.

하지만 복권에 대한 호응은 1825년 이후 서서히 식어갔다. 복권이 너무 많아지고 규모도 커지면서, 신뢰성에 대한 의문이 심각하게 제기됐다. 복권 수입의 대부분이 어디에 쓰였는지 제대로 해명되지 않는 일이 잇달아 발생하면서 사기와 부패 의혹이 입증되기 시작했다. 예컨대 1831년 펜실베이니아 주에서 기반시설 건설자금 마련을 목적으로 승인된 한 복권사업에 대해 조사를 실시한 결과, 복권회사가 막대한 이익을 챙겼음이 드러났다. 전체 복권 판매액 500만 달러 가운데 주 정부가 건네받은 액수는 단지 2만 7000달러에 지나지 않았던데 비해 복권회사는 80만 달러나 챙겼다.[30] 로이 캐플런은 다음과 같이 지적했다.

허위진술, 기만, 사기가 폭넓게 퍼졌다. 불량품을 상품으로 주거나, 당첨자 선정 과정에서 조작을 시도해 아예 당첨자가 나오지 않게 만드는 등 각종 비리의 사례가 나타났다. 몇몇 복권상들은 당첨자를 뽑기 전에 도망가 버리기도 했다. 복권이 점점 늘어나면서 각종 비리의 규모도 커져갔다.[31]

한 세기 전에 복권을 비판했던 이들과 프랑스 및 영국의 복권 반대자들이 말했던 것과 마찬가지로 복권이 저소득층에게 피해를 끼친다는 주장이 다시 나와 부각되기 시작했다. 존 바크 맥매스터는 19세기의 복권에 대해 쓰면서 이렇게 지적했다.

복권에 대해 따져보고 복권 판매소를 찾아다니느라 허비하는 시간, 판돈을 걸고 복권을 산 직후부터 마음을 사로잡는 열병 같은 불안감, 당첨자 선정 이후에 어김없이 나타나는 침통함과 실망감…. 이 모든 것들이 노동자들로 하여금 일을 멀리하게 하고, 도덕을 약화시키고, 번 돈을 낭비하게 하며, 이어 그들을 빈곤으로 몰아넣는다.[32]

1834년까지 매사추세츠주, 뉴욕주, 펜실베이니아주, 오하이오주, 버몬트주, 메인주, 뉴저지주, 일리노이주, 뉴햄프셔주 등이 복권을 금지했다. 의회에 복권 허용권한 자체를 주지 않는 조항을 주 헌법에 추가해 넣은 주도 많았다. 1840년 로드아일랜드주 시민들로 구성된 한 모임은 의회에 복권을 폐지하라는 압력을 가하기 위해 청원서를 제출했다. 이 청원서는 당시 복권 반대론의 표준이랄 수 있는 내용들을 제대로 요약하고 있다. 내용은 이렇다.

① 복권은 도박에 대해 제기될 수 있는 가장 강한 반대를 면할 수 없다. 그 어떤 도박보다도 예절에 반한다는 느낌을 훨씬 덜 주고 양심의 경각을 덜 불러온다는 점에서 가장 위험한 도박이다. ② 복권은 당첨자 선정이나 판

매에 관여하는 모든 이들에게 사기치고 싶은 유혹을 가장 심하게 불러일으킨다. ③ 복권은 지역공동체에 세금을 부과하는 효과를 낸다. 게다가 이세금은 감당할 여력이 가장 적은 이들이 부담하게 된다. ④ 복권은 이 땅에 빈곤을 유발하는 주요 요인이다. ⑤ 복권에 당첨되는 것이 그렇지 못한것보다 덜 치명적이지도 않다. 운에 도박을 거는 사람들은 결코 만족할 줄모르기 때문이다. ⑥ 복권은 일확천금의 열병이 자리 잡고 확산하는 현상을 불러오는 특성을 갖고 있기 때문에 미국에 특히 더 해롭다.[33]

가난한 이들을 상대로 한 사기와 착취는 19세기 중반에 복권의 쇠락을 부른 주된 요인이었다. 그러나 이보다 한 세기 전에도 복권 비판자들이 비슷한 문제점을 제기했던 데서 알 수 있듯이, 사기와 착취 자체는 새로운 현상이 아니었다. 복권에 대한 태도를 변화시킨 더 중요한 요소는 복권 이외의 다른 자본형성 방법들이 등장했다는 사실이었다. 당시는 서서히 금융기관들이 발전되고 있는 중이었다. 1810년에사업자금이나 개발자금을 융자하거나 부동산 담보대출을 하는 주 정부 인가 은행 88곳이 운영되고 있었다. 이 숫자는 1820년까지 300개이상으로 늘어났고, 1860년에 이르러 1500개를 넘었다.[34] 19세기 전반에 뉴욕 증권시장은 규모나 합법성 면에서 괄목할 만한 성장을 했고, 보험과 저축대부조합들이 자금융통에서 은행을 보완하게 되자 복권을 통한 자금 조달의 필요성이 줄어들었다.

이제 연방정부 지출의 상당 부분은 관세나 주세 부과, 정부 소유 부동산 매각 등을 통해 거둔 수입으로 충당됐다. 주 정부 차원에서 소득세를 도입하려는 시도가 다양하게 나타났고, 주 정부를 포함한 지방 자치 정부들에게 일반재산세가 가장 큰 세목이 됐다. 19세기 초반부터 중반에 걸쳐 경제기관들의 규모가 날로 커지고 경제력이 집중된 것도 복권 시행방식에 영향을 끼쳤다. 소규모의 지역별 복권들은 여러 주들에 걸친 대규모 복권으로 대체됐다. 복권과 관련된 부정행위와 당첨자 조작사건이 늘어나면서 복권사업에 대한 대중의 신뢰도가 낮아졌다.

복권보다 훨씬 더 많은 자본을 확보할 수 있게 해주는 금융기관들이 등장하고 복권 관련 음모와 사기에 대한 대중의 신뢰도 상실이 여기에 맞물리면서 19세기 중반에 복권이 몰락하는 현상이 나타났다. 남북전쟁이 시작될 즈음에는 복권이 합법인 주는 델라웨어, 켄터키, 미주리 등 단 3곳뿐이었다.

하지만 복권의 몰락이 오래 지속되지는 않았다. 남북전쟁으로 인해 남부 진영에는 기존의 경제기구만으로는 쉽게 조달할 수 없는 막대한 규모의 자금이 필요하게 됐다. 전쟁은 북부 진영에는 산업을 성장시키고 상대적인 풍요를 가져다주는 효과를 냈지만, 남부 진영에는 몇몇 주들을 폐허로 만드는 결과를 초래했다. 폐허가 된 남부의 주들은 자금을 조달하기 위해 복권을 부활시켰다. 앨라배마, 조지아, 미시시피 등 3개 주는 금융재건을 지원하기 위해 복권을 다시 시작했고, 그에 앞서 루이지애나주는 전쟁자금을 마련하기 위해 복권사업을 재개했다. 일부 모험적인 복권 장사꾼들은 복권이 아직 불법인 다른 주들에서도 복권사업을 다시 시작할 기회를 잡았다.

많은 복권회사들이 '선물용품 기업'을 자칭함으로써 주 정부의 금지규정을 피해갔다. 복권 판매를 물건 판매로 가장했던 것이다.[35] '미시시피 농업, 교육, 제조업 지원협회'는 1867년에 다음과 같은 일을 하는 데 대해 주 정부의 허가를 받아냈다.

입회비를 받고 회원 증명서를 판다. 이 증명서는 땅, 책, 그림, 조각상, 골동품, 과학적 장치나 장비, 그 밖에 장식용으로 사용할 수 있거나 유용하며 값어치가 나가는 자산이나 물건을 상품으로 받을 자격을 부여한다. 실제로 상품을 받을 사람은 제비뽑기 등 무작위적인 방식으로 정한다.[36]

미국 연방 대법원의 웨이트 대법관은 이에 대해 "온갖 문구를 다 동원해 거래의 사악함을 감추려는 의도가 분명히 드러나 있다"[37]고 지적했다.

이런 의심스런 기업들에 대해 대중적 비판이 일어나고 많은 논란이 벌어진 끝에 미국 연방 의회는 1868년에 복권의 우편판매를 금지했고, 여러 주 정부들은 복권을 불법화했다. 미시시피주 정부의 인가를 받았던 복권회사는 소송을 제기했다. 이 회사는 주 정부가 1867년 자사에 대해 25년간의 사업허가를 내준 지 채 3년도 안 돼 주 헌법에 복권 금지조항을 추가한 것은, 계약의 의무를 저버리지 못하도록 규정한 미 연방 헌법을 주 정부가 위반한 것이라고 주장했다. 연방 대법원은 복권을 규제하거나 금지하는 권한은 주 정부의 경찰권에 속하는 것이며, 경찰권은 "공공의 건강과 도덕에 영향을 끼치는 모든 문제"

에 미친다고 결정했다. 대법관 웨이트는 복권의 "타고난 사악함"에 대해 쓰면서 이렇게 주장했다.

> 아무리 세심하게 규제한다 하더라도 복권이 도덕을 타락시키는 효과가 있다는 점은 의심할 여지가 없다. 그건 일종의 도박이며 나쁜 영향을 끼친다. 또 질서가 잘 잡힌 지역사회의 균형과 견제를 방해한다. 복권에 기초한 사회는 불가피하게 투기꾼과 도박꾼들을 만들어내기 마련이다. 투기꾼과 도박꾼들은 '제비를 뽑거나 순전히 우연으로' 다른 사람들이 축적한 재산 중 일부를 공짜로 넘겨받게 되기를 기대하면서 사는 이들이다.[38]

북부에 비해 남부에서 복권이 조금 더 오래 지속됐다. 하지만 복권 반대세력들은 1878년까지 루이지애나만 제외한 미국의 모든 주들에서 복권을 몰아내는 데 성공했다. 루이지애나주는 사상최대 규모의 복권 관련 비리사건이 발생한 곳임에도 30년 동안 한 사기업에 주 정부의 복권사업 시행을 맡겼다. 이 회사는 사기와 절도, 광범한 정치적 부패에 연루됐다는 비난을 지속적으로 받으면서도 번성했다. 루이지애나주 복권은 미국 전역의 거의 모든 대도시들에서 팔렸다. 전성기에 이 복권회사의 순이익은 연간 300만 달러에서 500만 달러에 이르렀다.[39] 복권 반대세력의 저항에 부닥치자 이 회사는 복권사업 유지를 위해 주 정부 관리들을 뇌물로 매수하고 선거를 조작했다. 수많은 루이지애나주 의원들이 뇌물을 먹었다는 혐의를 받았다. 복권 역사가인 조지 설리번은 이렇게 지적했다.

일부 의원들은 유혹에 저항했지만, 저항이 쉽지 않았다. 강력한 복권 반대자인 원 지역 출신의 J. M. 매케인 의원은 모자를 어딘가에 내려놓기만 하면 나중에 모자 밑에서 빳빳한 새 돈이 발견됐다고 밝혔다. 창문 밖에서 그의 발 아래로 돈이 던져지기도 했다. 한번은 지역 정치인들과 만나는 저녁식사 자리에 갔다가 자신의 음식접시 밑에서 2만 달러의 현금을 발견하기도 했다.[40]

루이지애나주 출신의 연방 하원의원 E. W. 로버트슨은 1882년에 이렇게 말했다.

나는 가난하지만 복권회사가 나를 매수할 수는 없다. 그리고 이 문제가 우리의 정치적 사안이 되는 순간이 오면, 주지사부터 보안관까지 모든 단위의 선거에서 이것을 쟁점화할 것을 제안한다. 이 복권회사는 의회를 쥐고 흔들며, 심지어 의원들을 통제까지 한다는 혐의를 받아왔다. 그렇다면 지옥보다 더 나쁜 이 독재와 맞서 싸우는 것이 우리의 의무가 아닌가?[41]

많은 실업계 지도자들과 종교기관, 정치인들 사이에서 복권에 대한 반대의 목소리가 나왔다. 하지만 루이지애나주 복권을 살 사람이 부족한 상황은 전혀 발생하지 않았고, 특히 빈민층에서는 더욱 그랬다. 뉴올리언스 복권 판매소의 기록을 보면, 한 시간 동안 34명이 판매소에 들어왔는데 그 가운데 18명은 여성, 6명은 아이들, 10명은 성인 남성이었다. 그리고 고객의 65% 이상이 아프리카계 흑인이었다.[42] 경제적 기회가 극도로 제한된 여성과, 폭력으로 관철되는 인종차별과 '검둥이' 공세를 당하는 흑인들로서는 아마도 복권이 좀더 나은 삶을 가능하게 하는 유일한 기회였을 것이다. 19세기 말에 작가 콤스톡은 자신의 저서 《청춘의 덫》에서 루이지애나주 복권가게를 찾은 복권 구매자들의 행동을 이렇게 꿰뚫어 서술했다.

> 우리 대도시들의 상당수 빈민지역에서 복권이 팔리고 있다. 이런 지역에서 나는 여성, 어린 소녀, 아이들이 줄지어 선채 떨면서 차례를 기다리는 모습을 수없이 목격했다. 그들의 주변은 위스키와 담배 냄새로 찌들어 있고 가장 천한 말들로 가득 차있다. 주변을 어슬렁거리는 악당들의 술과 담배 냄새에 찌든 입에서 천한 말들이 흘러나온다. 정신적, 도덕적 타락이 이 불쌍한 이들에게 엄습하며, 그 정도는 복권에 투자한 액수에 비례한다. 복권을 산 이는 자신이 당첨번호를 과연 제대로 골랐는지 곧바로 따져본다. 그리고 거액의 당첨금을 탈 가능성을 계산하기 시작한다. 그런데 그 계산은 확률이 아니라 자신의 희망에 근거를 둔 것이다.[43]

복권에 대한 반대 목소리 가운데 일부는 가난한 사람들을 착취하는데 대한 걱정 때문이라기보다는 가난한 이들이 '자신들의 의무'를 저버릴지 모른다는 불안감에서 나온 것이다. 뉴올리언스의 한 목사는 "시종에게 돈을 줘서 시장에 보내는 것은 사실상 당신의 돈 일부를 복권으로 흘러들어가게 하는 것"이라며 "집 주인은 자신의 저녁식사가 빈약해질까봐 걱정할지 모르지만 조리사는 전혀 걱정하지 않는다"[44]

고 주장했다. 종교 조직들은 루이지애나주의 복권을 비난하는 데 합세했다. 1890년 감리교협의회는 복권은 나라의 불명예라고 지적하면서 복권사업을 폐지하는 데 힘을 보태기로 결의했다. 남침례교 신도들은 1891년 회의에서 이렇게 결의한 감리교도들에게 '신의 가호'가 있기를 기원했다.[45]

1890년 벤저민 해리슨 대통령은 미국에서 복권 관련 활동을 중지시킬 법안을 마련해줄 것을 의회에 요구했다. 해리슨 대통령은 복권이 미국인들을 "타락시키고 갈취한다"고 말했다.[46] 두 달 뒤 의회는 대통령의 요구에 응해 "복권과 관련된 모든 편지, 우편엽서, 소책자, 회보, 티켓의 우편물 취급"[47]을 금지하는 법을 통과시켰다. 루이지애나주 복권으로 막후에서 이익을 챙기던 이들은 이런 조처에 맞서, 우편을 이용하지 않고도 사람들을 복권에 계속 참여하도록 유인할 방안을 강구했다. 그러자 의회는 1895년 어떠한 복권 관련 물건도 주 경계선 밖으로 운송할 수 없도록 하는 법을 마련했다. 19세기가 끝날 때쯤에는 루이지애나주 복권이 소멸하면서 미국에서는 사실상 모든 복권 관련 활동이 사라졌다.

20세기의 복권

20세기에 막 들어선 시점의 미국 경제는, 상대적으로 개방적이고 확대 일로였던 1800년대의 미국 경제와는 상당히 다른 체제로 바뀌었다. 부의 분배격차는 여전히 심했고 여성, 유색인종, 장애인을 포함한 많은 국민들은 사회, 경제적 기회를 누리지 못하고 소외됐다. 백인 남성들조차 땅을 가질 기회와 사업을 벌일 여지가 줄어들기 시작했다. 산업화와 도시화가 진전되고 거대 기업들이 늘어나면서 경제활동의 독점화와 중앙집중 현상은 날로 더 심해졌고, 보통의 시민이 사업을 벌일 기회는 더욱 줄어들었다.

경제 체제 내부에서 점진적으로 진행된 이런 변화는, 거대 기업들이 생겨나 성장하면서 한때 중소기업들이 맡았던 경제 영역까지 빼앗아 감에 따라 개인이 자영업을 하는 등 경제적으로 자립할 기회가 줄어들었음을 의미한다. 아울러 지역공동체와 주 정부, 국가 전체에 영향을 끼칠 수도 있는 중요한 경제적 결정이 소수의 사람들에 의해 내려지는 상황이 날로 늘어났다는 것을 뜻하기도 했다.

20세기의 첫 15년 동안 많은 미국인들이 극심한 어려움을 겪었다. 록펠러 가문, 카네기 가문, 밴더빌트 가문, 애스터 가문 등 소수는 호사스런 소비를 하며 부유하게 살았지만, 그 소수를 제외한 대부분의 도시민들은 점점 더 실업과 저임금, 빈곤, 열악한 주거환경, 부실한 위생상태로 고통을 겪었다.

당시 사회개혁가들은 사회적 병폐의 책임을 자본주의 체제에서 찾았다. 비판적인 이들은 탐욕과 잘못된 기업 행위가 국가의 사회, 경제적 문제의 밑바탕이 되고 있다고 지적했다. 반면 기존질서를 옹호하는 이들은 가난한 자들이 그런 운명을 맞게 된 것은 대부분 그들 자신의 책임이며, 그 이유는 그들의 '정신적 결함'에 있다고 맞섰다.[48] 체제 옹호자들은 사회적 다원주의 철학을 내세웠다. 사회에 잘 적응한 '최적자'들은 정당하게 최고의 자리를 차지한 것이고, 적응력이 떨어지는 이들은 당연히 빈민가를 넘겨받게 된 것이라고 주장했다. 1890년의 한 조사에서 상위 1%가 가진 재산이 나머지 99%의 재산보다 많다[49]는 사실이 드러났는데도, 체제 옹호자들은 이민자와 유색인종, 장애인이 있기 때문에 빈곤이 존재한다고 주장했다.

사회구조가 이런 상태였는데도 국가는 부를 정당화하고 보호하는 그 본래 기능대로 규제 위주의 이민정책을 도입함으로써 부를 옹호하는 이들의 주장을 공공정책에 반영했다. 또 주 정부들은 "결함이 있다"는 낙인이 찍힌 사람들에 대한 강제 불임시술을 합법화하고 촉진시켰다. 약간의 논란은 있었지만, 이 시기에도 부유함은 여전히 존경의 대상이었고 빈곤은 불명예의 원인이었으며, 그 정도는 아마 다른 어느 때보다 더 심했을 것이다.

미국이 1차 세계대전에 개입한 1917년부터 1919년까지는 경제, 사회적 문제가 주목받지 못하고 뒷전으로 밀렸다. 의회는 전쟁자금 마련을 위해 1917년 전비조달법을 제정했다. 이 법은 상속재산은 물론이고 개인과 기업의 소득에도 누진율이 아주 높게 세금을 부과하는 내용이었다. 전쟁이 끝난 뒤 엄청난 재산가인 철강 및 알루미늄 재벌 앤드류 멜런은 재무장관이 되어 이 누진세를 줄이기 위해 헌신했다. 그의 노력은 힘을 발휘했고 의회는 소득세와 상속세, 법인세의 세율을 절반으로 낮췄다. 재산이 많은 개인과 기업이 세금감면 혜택을 가장 크게 받았다. 멜런은 성장과 투자를 촉진하기 위해서는 이렇게 하

는 것이 반드시 필요하다고 주장했다.[50]

불행하게도 미국 전역에 뿌리 깊게 박힌 일확천금의 심리는 일자리를 창출하고 사회적 필수 요소들을 만들어내는 데 필요한 건전하고 책임성 있는 경제정책 및 투자와는 양립할 수 없는 것이었다. 기업들은 노동비용을 낮게 유지하려고 계속 애를 썼고, 정부의 힘은 종종 노조를 약화시키고 파업 노동자들을 통제하는 데 이용됐다. 예를 들어 1920년에 미첼 파머 법무장관과 그의 젊은 보좌관 J. 에드거 후버는 수천 명의 노동자, 시민, 외국인들을 체포한 다음 국외로 추방하거나 범죄 혐의를 뒤집어씌우는 작업을 주도했다. 체포된 사람들 대부분은 노조 간부와 조합원이었다. 적법절차는 무시됐다. 파머는 노동자들 사이에 공산주의자가 많다고 주장하면서 수백 명을 심문이나 재판도 없이 해외로 추방해버렸다.

대기업들은 노동자들을 약화시키고 저임금을 유지하는 데 막강한 힘을 발휘했지만, 결국 이 때문에 문제가 발생했다. 노동자들에게는 체제가 생산해내는 물건들을 다 살 여력이 없게 된 것이다. 공산품은 많이 생산되는데 그것을 소비할 시장이 존재하지 않는다는 것은 문제였다. 이런 문제는 1920년대에 극심한 투기 및 주식 관련 사기와 얽히면서 더욱 복잡한 양상을 띠었다. 문제가 심각해지자 1926년 하버드 대학의 경제학자 윌리엄 Z. 리플리는 기업들이 "사기행각과 야바위짓"을 하고 있다고 호되게 비난했다.[51] 기업과 금융업자들의 파멸로 치닫는 행각은 1930년대 대공황이 발생하는 데 주요 원인 중 하나로 작용했다.

1930년대의 경제재앙은 도덕적 분위기를 변화시켰고, 미국에서 복권사업을 다시 시작하려는 시도들을 유발했다. 의회가 복권을 완전히 폐지하는 법을 통과시킨 지 거의 40년 만인 1934년에 뉴저지주 출신의 에드워드 A. 케네디 하원의원은 연방 예산의 25%를 차지하던 제대군인 지원금의 재원 마련을 위한 복권을 연방 정부 차원에서 도입하는 내용의 법안을 제출했다.[52] 다음은 1934년 하원 위원회에서 벌어진 논란이다.

톰: 이 복권은 가장 형편이 안 좋은 이들에게 세금 부담을 떠넘기기 위한 사악한 시도 아닌가?

케네디: 귀하의 말에 동의하지 않는다. 최근의 분석을 보면 우리의 부담은 이른바 '가난한 사람들' 때문에 생겨난 것이라는 사실이 재차 확인된다. 가난한 사람이 일자리를 잃었다고 해서 정부가 그를 보살펴야 한다면, 비용 감당이 어렵고 예산은 균형을 잃을 것이다.

보이런: 가난한 이가 복권을 산다고 해서 부자가 될 가능성이 있는 것도 아니지 않은가?

케네디: 물론 가능하다. 복권은 그들이 가까운 장래에 편안해질 수 있는, 현실적으로 유일한 가능성을 제공한다.[53]

〈뉴욕 월드텔레그램〉〈더네이션〉〈새터데이 리뷰〉〈유나이티드 스테이츠 뉴스〉〈뉴욕 헤럴드트리뷴〉 같은 명성 있는 매체에도 복권을 옹호하는 주장이 잇따라 등장했다.[54] 이와 동시에 뉴욕시 예산 균형을 맞추기 위해 복권을 합법화하자는 결의안이 뉴욕주 의회에 제출됐다. 뉴욕 외에도 매사추세츠, 뉴저지, 펜실베이니아, 메릴랜드, 루이지애나, 일리노이, 메인, 뉴햄프셔, 코네티컷, 캘리포니아, 네브래스카 등 여러 주들에서 주 정부에 복권사업을 허용하는 내용의 법안이 제출됐다.

복권 반대자들은 이런 시도들을 즉각 비난했다. 1934년 〈크리스천 센추리〉는 "복권은 잘못된 것인 동시에 어리석은 짓"이라는 제목 아래 다음과 같은 글을 실었다.

복권에 대한 광기가 새로이 만연하는 듯하다. 이 광기가 지닌 윤리적인 문제는 제쳐놓더라도, 복권에 투자해 돈을 벌려는 시도는 지금까지 나타난 그 어떤 것보다 더 바보스런 탐욕이다. 호황기보다 불황기에 더 심해진다. 물에 빠져 지푸라기라도 잡으려는 사람들 눈앞에 번쩍거리는 상품을 흔드는, 가장 잔인한 방식의 돈 장난이다.[55]

같은 해에 〈아메리칸 시티〉가 내보낸 '공적 수입을 위한 복권, 중세로의 후퇴' 라는 글은 이런 구절을 담고 있다.

우리는 서서히 진보를 이룬다. 어느 한 세기에 불신을 당한, 그리고 오랜 투쟁 끝에 영구히 몰아냈다고 생각했던 제도들이 다음 세기에 다시 살아난다. 그래서 싸움은 처음부터 다시 시작해야 할 상황이 된다.[56]

미국에서 복권 재도입의 이점에 대한 논의는 프랭클린 D. 루스벨트 대통령이 세금 인상을 밀어붙여 성사시킨 뒤에 잦아들기 시작했다. 1935년 의회는 비판적인 이들이 "부자 우려내기"라고 부른 세법을 통과시켰고, 이로써 루스벨트 대통령은 역사상 평화적인 시기 가운데서는 가장 높고 누진적인 세율을 관철시켰다.[57] 새로운 세법이 실제로 부자들을 "우려내는" 정도는 아니었다. 하지만 상당한 세금 부담을 부자들에게 넘기는 데는 성공했으며, 동시에 금융위기를 경감시키기도 했다.

그러나 미국을 경제적 혼란에서 벗어나게 한 것은 다름 아닌 2차 세계대전이었다. 1940년대에 미국은 역사상 그 어느 때보다 더 빠르게 경제성장을 이룩했다. 전쟁으로 촉발된 경제 총동원 덕분에 1940년대 10년 동안 미국의 실질 국민총생산은 36%나 늘어났다.[58]

전쟁은 전 세계 선진 산업국가 대부분의 기반시설을 파괴했고, 미국만 홀로 남아 세계에서 누구의 도전도 받지 않는 가장 강력한 경제 대국이 됐다. 전후에 생산이 급격하게 늘어나면서 미국은 공산품의 주된 공급 국가가 됐고, 1950년대에는 '날로 확대되는 고도의 풍요'[59]를 누렸다. 20세기 초부터 시작된 미국의 경제력 집중은 전후 풍요의 시기에도 지속됐다. 1954년에는 가장 큰 135개 기업이 미국 전체 산업자산의 45%, 전 세계 제조설비의 약 4분의 1을 차지하기에 이르렀다.[60] 1967년에 경제학자 존 케네스 갈브레이스는 《새로운 산업국가》에서 이렇게 지적했다.

70년 전만 해도 기업들은 철도, 증기선, 철강, 석유개발 및 정유, 탄광과 같이 생산이 대규모로 이뤄져야 하는 업종에 한정돼 있었다. 하지만 이제 기업들은 식료품과 곡물도 판매하고 신문을 발행하며 대중에게 오락을 제공할 뿐 아니라, 한때는 개인사업자나 대수롭지 않은 기업의 영역이었던 경제활동에까지 참여하고 있다. 큰 기업들은 수십억 달러 어치의 시설과 수십만 명의 인력을 부리면서 수십여 개 장소에서 수백 가지 물건을 만들어내고 있다.[61]

미국의 거대 기업들은 경제를 지배하기에 이르렀다. 그들은 시장의 통제를 받는 대신 시장을 지배했고, 정부의 정책 결정을 장악했으며, 국가의 이익에 반해 자신들의 힘을 사용했다.[62] 그래서 전후에 경제는 성장했지만, 거대 기업들이 사업을 다각화하고 제조와 판매 두 부분 모두에서 경제력 집중이 벌어지는 과정에서 소규모 사업자들은 내밀리기 시작했다. 그 결과 국민들은 기업들에 일자리와 물자를 갈수록 더 의존하게 됐다. 사회학자 C. 라이트 밀스는 《화이트칼라: 미국의 중산층들》에서 소규모 독립 기업가들을 "과거의 중산층"이라고 지칭하면서, 그들의 점진적인 변화 양상을 이렇게 지적했다.

19세기 초에는 대략 정착민의 5분의 4가 자영업자였을 것이지만 1870년에는 그 비중이 3분의 1로 줄어들었고 1940년에는 단지 5분의 1만이 여전히 과거의 중산층 자리를 지키고 있었다. 나머지 5분의 4의 대다수는, 미국 전체 개인재산의 40~50%를 차지하면서도 인구 비중은 2~3%에 지나지 않는 사람들 밑에서 생계유지를 위해 일했다. 이들 노동자 가운데서 새로운 중산층, 곧 월급쟁이 화이트칼라들이 나타났다. 임금노동자인 그들에게 독자적인 자산소유는 이제 자신의 영역 밖의 일이 됐고, 미국은 이런 식으로 기업 종업원들의 나라가 됐다. 그들은 이제 스스로 자산을 통제하고 관리하는 방법으로 수입을 얻을 기회를 확보할 수 없게 됐다. 그들의 수입획득 기회를 결정하는 것은 이제 노동시장이다. 또 그들이 힘을 발휘할 기회, 특권을 누릴 기회, 기술을 배우고 사용할 기회도 이제는 노동시장이 결정하게 됐다.[63]

전후의 상대적인 경제안정기는 자영업의 기회를 넓혀주지 않고, 대신 노동시장을 확장했다. 많은 사람이 일자리를 찾았다. 일부 미국인들은 전후에 경제적 풍요를 누렸지만, 많은 사람들은 계속되는 착취와 빈곤에 시달려야 했다. 인종주의와 남녀차별, 계급적 이념에 의해 정당성이 부여된 부정의와 불공평도 감수해야 했다.

1962년에 마이클 해링턴은 나라는 경제적 성장과 발전을 지속하는데 그와 대조적으로 빈곤 속에 살아야 하는 수백만 명의 미국인들에게 각성할 것을 촉구했다. 자신의 고전적인 작품 《또 다른 미국》에서 해링턴은 1960년대 초에 미국 내 빈곤층은 4000만~5000만 명에 달했다고 주장한다. 그가 주목했듯이 전후 경제성장으로 창출된 번영은 고르게 분배되지 않았다. 1935년부터 1970년까지 미국의 소득분포를 들여다보면 전후에 지속된 빈곤의 바탕을 알 수 있다. 1947년 미국에서 가장 가난한 20%에 속하는 가정은 국가 전체 소득 중에서 단 5%

만 가져갔다. 전후 20년 동안의 경제팽창과 풍요를 거친 뒤인 1970년에도 가장 가난한 20%의 소득 비중은 고작 5.4%로 늘어났을 뿐이었다.[64] 경제가 크게 팽창했지만 미국 내 경제적 자원의 분배는 고작 이런 정도였고, 사회 내 대부분은 상대적인 박탈의 상태가 지속됐다.

1940년대와 1950년대에는 전후의 경제팽창 덕분에 복권의 합법화가 저지됐지만, 행운을 노리는 다른 형태의 게임에 빠지는 사람들은 극적으로 늘어났다. 로이븐 브레너와 가브리엘 브레너는 《도박과 투기》에서 이렇게 설명했다.

> 그 전에는 도박을 하지 않던 온갖 계급의 사람들도 갑자기 재산을 잃어버리는 경우, 예를 들면 해고되거나 해고될 개연성이 자꾸 커져 두려워질 때 등에는 도박에 뛰어들기로 결심하는 것 같다.[65]

1930년대의 경제 황폐기에 도박이 크게 확산된 사실은 이들의 주장을 뒷받침한다. 1931년 매사추세츠주에서 처음으로 법적으로 허용된 빙고가 큰 인기를 얻으면서, 이 게임이 자선기관과 종교기관의 기금조성 수단으로 활용됐다. 이어 1933년에는 패리뮤추얼 경마*가 뉴햄프셔주, 오하이오주, 미시간주에서 처음으로 합법화됐다. 복권은 여전히 불법이었으나, 다양한 형식의 콘테스트와 추첨식 판매가 상품

---

* Pari-mutual. 개별 업자 대신 경마 주최자가 독점적으로 마권을 발행하는 방식. 한국을 비롯해 대부분의 나라가 패리뮤추얼 방식을 도입하고 있다.

판촉과 사업촉진 활동에 널리 활용됐다. 이런 것들은 복권과 흡사했지만, 참가권을 다른 상품에 끼워 파는 방식을 이용해 복권금지법을 피해갔다. 꼬리를 물고 이어지는 행운의 편지가 기승을 부렸고, 불법적인 숫자게임 복권도 번창했다.

당시의 몇몇 여론조사 결과들을 보면 대중이 복권 재도입을 상당히 지지했음을 알 수 있다. 예컨대 1935년에 〈포천〉지는 여론조사 설문 대상자들에게 "아일랜드식 스테이크경마 복권과 유사한 복권을 자선사업과 정부 조세수입을 위해 허용해야 한다고 생각하십니까?"라고 물었다. 응답자의 55%가 그렇게 생각한다고 대답했다. 33%는 허용하면 안 된다고 했고, 12%는 모르겠다고 했다.[66] 1936년 갤럽이 실시한 조사에서도 복권에 대한 지지율이 59%로 나타났다.[67] 1941년 '미국 여론연구소'가 실시한 조사에서는 국가부채 문제를 해결하기 위해 정부가 복권사업을 실시하는 데 대해 51%가 찬성했다.[68] 1930년대는 복권이라는 개념이 그 어느 때보다도 미국인들의 의식 속에 깊이 뿌리내린 시기였다.

복권 합법화를 뒷받침한 요인들

많은 사람들이 복권을 지지한 것은 복권이 부의 희망까지는 아니더라도 경제적 안정을 획득할 기회를 제공한다는 점 때문이었겠지만, 복권을 세금의 대체물로 보고 지지한 측면도 있었다. 예를 들어 1956년의 공화당 강령은 복권이 모든 납세자들의 세금 부담을 줄여준다는 점을 내세워, 국가 차원에서 복권을 도입하는 방안을 제시했다.[69]

상대적인 번영기였던 1963년에 뉴햄프셔주의 공교육 체계는 전국에서 가장 재정 형편이 나쁜 편이었다. 이는 주 정부에서 재산세나 소득세를 도입하는 데 대해 주민들이 저항감을 갖고 있었다는 점에 크게 기인했다. 당시 주 정부의 주요 재정확보 수단은 휘발유세, 자동차세, 운전면허세, 주류세, 담배세 등이었다. 1장에서 거론한 뉴햄프셔주의 복권 도입에 대한 도덕적, 윤리적 반대는 판매세 도입 반대여론에 밀려버렸다. 뉴욕주 의원들도 세금을 늘리자고 주장하는 대신 복권을 선택했다.[70] 하지만 이 즈음 다른 주들은 복권 도입 제안을 거부했다. 1963년부터 1965년까지 플로리다주, 로드아일랜드주, 버몬트주, 코네티컷주, 메인주, 웨스트버지니아주는 복권 허용법안을 부결시켰다.[71]

1960년대 말 '풍요로운 사회'가 시들어가면서 복권의 유혹에 대한 저항도 약해졌다. 1970년대 들어 미국 경제는 심각한 문제에 직면하기 시작했다. 주요 산유국들이 카르텔을 형성함으로써 기름 가격이 상승했고, 미국의 물가상승률은 두 자리 숫자로 올라갔다. 더 중요하게는 2차대전 이후 끝없이 계속될 것 같던 미국의 경제성장이 둔화하기 시작했다. 전쟁으로 파괴됐던 유럽과 일본의 경제가 회복돼 전 세계에 걸쳐 미국 경제의 경쟁자로 떠오르면서 이런 현상이 나타났다. 유럽과 일본은 경제재건 사업에 현대적이고 효율적인 기법과 장비들을 사용했다. 경쟁력을 유지하기 위해 새로운 기술에 투자할 것인가,

아니면 자본을 철수하고 다각화할 것인가 하는 선택의 기로에서 막강한 기업 다수가 후자를 선택했다.

게다가 미국은 기업들의 공장 폐쇄와 상당한 규모의 투자 회수에도 직면하게 됐다. 이런 현상은 '탈공업화'[72] 과정에서 최고조에 달했다. 경제의 집중도가 높은데다 '기업 종업원의 나라'가 된 상태였기 때문에 탈공업화 과정은 미국 경제에 심각한 결과를 초래했다. 수백만 명이 실업자로 전락했다. 1983년부터 1987년까지만 해도 거의 1000만 명이 공장 폐쇄와 기업들의 감원으로 일자리를 잃었다.[73] 자영업의 기회가 훨씬 줄어든 상황에서, 또 탈공업화 때문에 수백만 명이 일자리를 잃은 상황에서 사람들은 닥치는 대로 아무 일이나 구하러 다녔다. 마이클 해링턴은 당시 실업 노동자들의 어려움을 이야기하면서 이렇게 증언했다.

대다수는 일자리에서 밀려나 아직도 실업자로 있거나 더 낮은 임금을 받고 다른 일을 하고 있다. 그래서 산업화 초기의 극단적인 착취방식 3가지, 다시 말해 시간제 노동, 노동착취 공장, 그리고 가내 수공업이 컴퓨터 시대에 다시 등장했다.[74]

날로 늘어나는 서비스업에서 일자리를 구하는 사람들도 많았다. 이에 대해 로버트 커트너는 〈아틀랜틱 먼슬리〉에 다음과 같이 썼다.

전통적인 제조업에서 첨단기술과 서비스 산업으로 경제의 기반이 옮겨가면서, 중산층 정도의 생활수준을 유지할 수 있는 일자리의 비중이 날로 줄어들고 있다. 제조업 기반의 경제는 상대적으로 고소득 직종인 생산직 노동자들을 많이 고용할 수 있다. 하지만 서비스 경제는 카드 천공원, 판매원, 웨이터, 비서, 현금출납원 등을 대거 창출하는데, 이런 종류의 일자리들은 임금이 상대적으로 낮기 마련이다.[75]

1980년 경제학자 레스터 C. 서로는 "한때는 미국에 세계 최고의 생활수준을 창출해주던 분야가 이제는 한참 처지게 됐으며 상황은 매년 더 나빠지고 있다"[76]고 지적했다.

경제의 집중화, 전 세계적 경쟁 심화, 탈공업화가 결합하면서 적정한 수준의 임금을 제공하는 일자리가 줄어들고, 수백만 명의 경제적 지위와 일감의 질 또한 나빠졌다. 경제적 불안정이 심해지면서 사람들은 지방 정부와 주 정부, 연방 정부가 자신들의 월급봉투에서 돈을 얼마나 빼내 가는지에 점점 더 크게 신경을 썼다. 미국의 세금은 다른 선진국들에 비해 훨씬 낮은데도 중산층들은 세금에 대해 반감을 표시했다.[77] 잘사는 사람들은 오래 전부터 루스벨트가 정착시킨 누진세율을 적용한 소득세 제도가 불공평하다고 불만들이었다. 사실 그들 중 상당수는 허점을 틈타 요리저리 누진세율을 피해가며 세금 납부액을 줄여왔으면서 말이다.[78] 그 결과 잘사는 이들에 비해 중산층 시민들이 오히려 공적 예산에 필요한 세금을 상대적으로 과도하게 부담했다. 이는 세금에 대한 반감이 광범하게 퍼져나가게 하는 요인으로 작용했다.

　세금에 대한 저항은 1970년대의 '납세자 반란'으로 최고조에 달했다. 1978년 캘리포니아주 유권자들은 주 정부 세입을 55억 달러 줄이는 내용의 세금 감축안인 '제안 13호(Proposition 13)'을 65% 대 35%의 압도적 차이로 지지해 통과시켰다.[79] 다른 주들에서도 이와 유사한 감세안이 잇따라 통과됐다. 이에 대해 조지 피터슨은 《레이건의 실험》에서 이렇게 정리했다.

　1978년부터 1980년까지 이어진 주 세금 감면 바람은 12개 주에서 일반 소득세율을 낮추고, 9개 주에서 물가연동 세율 체제를 도입하도록 했다. 43개 주는 지방 재산세에 새로운 상한을 도입했거나 추가적인 재산세 인하 방안을 채택했다.[80]

　납세자 반란의 구호는 각 개인이 부담해야 하는 세금에 대해 이기적인 불만을 터뜨리는 형태를 띠지 않고 정부의 규모 문제에 대해 비판하는 방식으로 표현됨으로써 대중의 지지를 얻었다. 그러나 부유층이 다른 계층과 비교해 적정하게 세금을 부담하는지 여부는 거의 주목받지 않았다. 대부분의 주 및 지역의 세금이 역진적이어서 저소득층이 고소득층에 비해 더 높은 세율을 적용받고 있었지만, 유권자들은 모든 납세자에 대해 똑같이 적용되는 세율인하를 지지했다. 그래서 이때의 조세저항 움직임은 오히려 부자들이 자신들의 몫을 제대로 부담하지 않고 있다는 사실로부터 대중의 관심을 멀어지게 했다. 뿐만 아니라 부자들이 이 기회에 세금을 더 줄임으로써 이익을 보게 만들었다. 예를 들어 세금에 대한 대중적인 거부의 정서는 연방 정부로 하여금 법인세를 줄이도록 하는 데 활용됐다. 1950년대 연방 정부의 세입 가운데 법인세의 비중은 25%였는데, 1995년엔 이 비율이 12.5%로 떨어졌다.[81]

산업 침체와 일자리 감소에다 세금 인상에 대한 반발에까지 직면한 각 주 정부는 줄어든 금고를 채우려고 복권 쪽으로 시선을 돌렸다. 1970년에는 뉴저지주가 복권사업을 시작했고, 이어 1978년까지 미시간주, 오하이오주, 메릴랜드주, 워싱턴주, 로드아일랜드주, 메인주, 코네티컷주, 매사추세츠주, 펜실베이니아주, 일리노이주, 버몬트주, 델라웨어주가 복권사업에 합세했다.

연방 정부 또한 각 주 정부가 복권에 손을 대도록 거들었다. 1980년대 초 로널드 레이건 대통령과 공급 측면의 경제학을 신봉하는 그의 보좌관들은 경제회복에 온 힘을 기울였다. 1970년대 말의 전반적인 세금반대 분위기를 이어받아 레이건은 세금 감축안을 성공적으로 관철시켰다. 그러나 그 혜택은 주로 부유층과 기업들에 집중됐다.[82] 이와 동시에 기업에 대한 규제 폐지와 군사비 지출 확대가 이뤄졌다. 연방 정부는 저소득층에게 음식과 의료혜택, 주택 및 소득 지원금을 제공하는 사회복지 사업도 축소했다.

레이건 시대의 정책은 이미 존재하던 소득분배와 생활수준의 양극화 현상을 더욱 심화시켰다. 이런 추세는 갈수록 여성과 어린이들에게 상대적으로 더 불리하고, 민족이나 인종적 성격을 띠는 '두 개의 사회'로 미국을 분열시키는 것이었다.[83] 1980년대 말까지 미국인들 가운데 상위 1%의 소득은 매년 1000억~1500억 달러씩 늘어났고,[84] 이들의 세후 소득은 하위 40% 전체의 소득과 거의 맞먹었다.[85] 실업과 빈곤, 기아에 허덕이거나 노숙하는 국민이 날로 늘어나고 범죄율이 치솟는 가운데 미국 중산층은 축소돼 갔다.[86]

주 정부와 각 지역 정부들은 1980년대 내내 이중의 경제적 어려움에 직면했다. 경제침체로 재정적 어려움을 겪고 있는데 연방 정부에서 지원되는 예산 규모도 줄어든 것이다. 연방 차원의 세입 공유기금, 지역사회 개발자금 지원제도, 대중교통 프로그램, 교육 지원기금, 주택 보조금 등이 대폭 감축되거나 없어졌다. 각 주 정부는 이에 따라 빚어진 부문별 자금 부족을 메우기 위해 자체 예산을 전용하거나 사업규모를 줄일 수밖에 없었다. 1982년부터 1986년까지 뉴저지 주 의회 의장을 지낸 앨런 J. 카처는 이렇게 말했다.

카터 대통령이 임기 중 마지막으로 의회에 제출한 예산안을 보면, 연방에서 1달러를 세금으로 거두면 그 가운데 14센트는 각 주나 읍, 면 지역에 연방 정부의 지원금으로 돌아갔다. 그런데 1988년 레이건 대통령이 의회에 제출한 예산안에 포함된 연방 정부의 지원금은 전체 예산의 9.3%를 조금 넘는 데 불과했다. 1981년의 불변 달러 기준으로 볼 때 연방 정부의 지원금이 140억 달러나 줄어든 것이다. 이런 지원금 감소가 주 정부 관리들에게 가한 압박은 엄청난 것이었다. 전체적으로 볼 때 레이거노믹스 정책과 복권사업 강화 사이에는 직접적인 인과관계가 있었다.[87]

1980년대에 애리조나주, 캘리포니아주, 콜로라도주, 플로리다주, 아이다호주, 인디애나주, 아이오와주, 캔자스주, 켄터키주, 미주리주, 몬태나주, 오리건주, 사우스다코타주, 버지니아주, 웨스트버지니아주, 위스콘신주와 워싱턴시 특별구가 주 정부나 특별구 차원의 복권사업을 시작했다.

1990년대 초에도 여전히 예산부족이 주 정부들을 괴롭혔다. 1990년 2월 〈뉴욕타임스〉는 "회계연도가 하반기로 접어드는 상황에서 절반 이상의 주 정부들이 심각한 예산문제로 씨름하고 있다"[88]고 지적했다. 1991년에는 적어도 29개 주가 적자재정에 빠질 가능성이 있었다. 이에 따라 일부 주들은 각종 지원사업을 추가로 줄이고 공무원들을 해고했다. 주립대학 지원금이 삭감됐고, 한달에 며칠씩 주 정부 업무를 쉬는 등 가혹한 예산절감 조처가 시행됐다.[89]

1990년대 초반에는 조지아, 루이지애나, 미네소타, 네브래스카, 텍사스 등 5개 주가 추가로 복권사업에 뛰어들었다. 듀크대학 경제학자인 찰스 T. 클로트펠터와 필립 J. 쿡은 이렇게 말했다. "세수 문제가 요즘 주 정부 복권사업의 존재이유다. 복권을 도입한 모든 주 정부가 세수 증대 가능성을 주로 강조했다."[90]

경제적 힘과 복권사업

유럽과 미국에서 복권이 역사적으로 변천해온 과정, 특히 최근에 그

것이 재등장하고 확산돼온 과정은 경제적 힘이 도덕의 변화를 포함한 각종 사회현상에 끼치는 영향에 대해 사례연구를 할 기회를 제공해준다. 게다가 복권의 변천사는 개인이 기회를 얻거나 박탈당하는 것, 그리고 그와 관련된 개인의 경험은 사회가 조직된 방식에 의해 틀지어지며, 그 과정에서 경제 질서가 다른 사회 제도들을 규정한다는 주장을 뒷받침한다.

먼저 지적해두고 싶은 한 가지 흥미로운 사실은 이미 1만 년 전에 농경이 수렵을 대체하면서 사람들의 사회적 관계에 아주 심각한 변화가 나타나기 시작했다는 점이다. 농경사회로의 전환은 잉여자산을 축적할 기회를 창출했고, 그 질서는 점차 수직적이며 상당히 전제적인 형태로 바뀌어갔다. 그 결과 소수가 다수를 억압하고 착취하기 시작했다. 이런 물질적 조건은 그 후 1만 년 동안 인류 대부분의 인생경험을 결정했다.

주로 칼에 의존해 권력을 유지하던 농경사회의 특권층들은 16세기와 17세기에 걸쳐 새롭게 나타난 자본주의적 상인과 제조업자들로부터 경제적, 정치적인 도전을 받았다. 시간이 흐르면서 새로운 생산수단의 등장과 산업화가 수많은 사람들을 농노와 노예 상태로부터 해방시켰다. 농노와 노예 제도는 새롭게 떠오르는 시장경제와 조화를 이루기 어려웠기 때문이었다. 대신 새로운 경제 질서는 많은 이들에게 생존을 위해 자신들의 노동을 헐값에 팔도록 강요했다.

하지만 농경사회와 비슷하게 자본주의도 나름대로 수직적이었고 전제적이었다. 자본주의로의 전환은 많은 사람들에게 새로운 자유를 가져다주었지만, 이와 동시에 이 체제도 여전히 착취의 관행을 유지하고 잉여자산을 소수의 손에 집중시킴으로써 새로운 위험을 초래했다. 바로 이런 맥락에서 16~17세기 유럽의 초기 자본주의 투기꾼들과 기존 귀족층들이 똑같이 부의 분배에 저항하고 자신들의 이익을 극대화하기 위해 복권을 도입하기로 결정했던 것이다.

북미 식민지와 이를 이은 신생 국가 미국에서 새로운 경제적 기회가 발생하고 사정이 긴박해진 상황도 복권의 등장에 기여했다. 식민지 제임스타운을 유지하기 위한 자금과 새로운 상업활동 자금을 모으는 수단에서부터 새로운 공화국의 도로와 다리, 학교 등을 건설하는 자금을 확보하는 수단에 이르기까지 복권이 두루 활용됐다.

17세기부터 19세기 초까지는 복권이 자본을 창출할 거의 유일한 수단이었다. 복권이 빈민층에 끼칠 악영향을 우려하는 이들의 반대와 종교 지도자들의 강력한 비판 가운데서도 복권은 번성했다. 복권 비판자들은 18세기에 제한적인 개혁을 관철시킬 수 있었지만 복권 활동은 여전히 왕성했다. 19세기 중반에 이르러서야 자본주의가 지속적으로 발전하면서 대체 금융수단이 등장함으로써 사기와 부패, 그리고 빈곤층 착취에 대한 복권 반대론자들의 우려가 먹히게 됐다.

경제적 요인들이 막강하게 작용하기는 했지만 19세기의 복권과 관련해서는 경제뿐 아니라 정치, 종교, 사회 세력들 사이의 변증법적 관계도 중요했다. 수많은 종교 지도자들과 종교 단체들이 복권에 반대했다. 뿐만 아니라 자원을 전통적인 용도가 아닌 쪽으로 흘러가게 하고 노동자들이 일에 집중하지 않게 한다는 이유로 많은 산업계 지도자들도 복권에 반대했다. 상인과 사업주들부터 종교 지도자까지, 대법원부터 대통령까지 복권은 부도덕과 부패, 그리고 시민의식의 타락을 유발한다고 믿었다.

하지만 복권사업으로 이익을 보는 이들은 자신들의 자산과 영향력을 동원해 복권을 제한하려는 입법 시도를 오랜 기간 저지하거나 약화시켰다. 게다가 많은 사람들이 경제적 비주류로 내몰려 있는 상황과 재산 자체를 높이 평가하는 분위기 때문에 복권에 대한 수요는 여전히 강했다. 대다수의 사람들이 단지 생존 유지에 급급해하며 살았고, 여성과 유색인종을 비롯한 적지 않은 이들은 전통적인 경로를 통해서는 자신의 삶을 개선할 여지가 애초부터 없었다.

이런 조건들이 19세기에 복권을 둘러싼 투쟁에서 중요한 구실을 했다. 하지만 각 주 정부 차원과 전국 차원에서 결과적으로 복권을 금지시킬 수 있었던 주된 원인은, 산업 자본주의의 발달과 함께 공식적인 금융기관들이 대거 등장한 변화 때문이었다.

20세기 초반 몇 십 년 동안 국가 경제는 계속 성장했고, 1차 세계대전 기간에는 미국 전역에 적용되는 소득세가 도입됐다. 이런 상황은 1890년대 최고조에 이르렀던 복권에 대한 반대운동이 20세기 들어서도 지속되는 데 도움을 줬다.

그런데 1930년대에 기존 경제 체제가 무너지자 이처럼 몇 십 년 전부터 계속돼온 복권에 대한 비판에도 불구하고 복권을 부활시켜 절박하게 필요한 예산을 확보하려는 시도가 다시 나타났다. 대공황기에도 복권은 해롭다는 생각이 팽배했지만, 다른 형태의 도박은 널리 퍼져 있었다. 당시는 도박이 사람들의 출세 욕망에 호소력을 발휘했고, 자선단체와 교회를 위한 자금이나 정부와 민간 상업활동에 필요한 재원도 도박에서 창출되던 때였다.

18세기와 19세기 초반에 재원 부족이 복권사업에 기름을 부었던 것과 마찬가지로, 이때도 교회와 자선기관들이 앞 다퉈 복권 방식에 의존해 운영자금을 마련했다. 추첨식 판매법, 빙고 게임, 기타 여러 가지 콘테스트들이 당시의 어려운 시기에 재원확보 수단으로 떠올랐다. 업계는 뽑기 게임이 자신들의 상품 마케팅과 유통망 확장에 아주 유용한 도구로 쓰일 수 있다고 생각했다.

세금이 증가하고 2차대전 참여에 따른 생산 확대가 경제를 회복시키기는 했지만, 복권이라는 방식은 계속 대중의 광범한 지지를 받고 있었다. 이런 현상은 놀랄 일이 아니었다. '풍요로운 시절'에도 여전히 상당한 규모의 빈곤이 존재했고, 경제적으로 주변부로 밀려난 사람들도 여전히 존재했기 때문이다. 공적 재원을 마련할 목적으로 복권을 활용해도 되느냐를 둘러싼 진지한 논의는 20년 이상이 지나도록 다시 제기되지 않았다.

1940년대와 1950년대 그리고 1960년대 초기는 경제적 팽창기였다. 하지만 뉴햄프셔 주민들은 인구가 늘어나고 정부사업을 확대할 필요성이 생겨났음에도 소득세나 판매세의 도입을 거부했다. 뉴햄프셔 주민들의 이런 태도는 1964년에 주 정부 차원에서 현대적인 복권이 처음으로 등장하도록 재촉했다. 세금 신설이나 세율 인상에 대한 대중적인 저항은, 예산 문제에 시달리던 주 정부들로 하여금 복권을 도입하게 하는 데 상당히 기여했다. 세금 부과에 대한 대중의 저항은 부분적으로는 전 세계적인 경쟁 심화와 탈공업화에 따른 경제여건 악화에서 비롯된 것이었다. 이런 경제적 어려움은 주 정부 및 연방 정부의 세수가 줄어들고 개인과 주 정부에 대한 연방 정부의 지원이 급격하게 줄어들면서 더욱 심해졌다.

뉴햄프셔주와 뉴욕주에서는 복권 부활에 대해 도덕적, 윤리적 반론이 아주 많이 제기됐다. 미국 복권의 역사를 잘 아는 이들은 복권이 도덕을 타락시키고 사람들을 방탕하게 만드는 효과를 걱정했다. 이와 비슷한 반론은 복권을 합법화한 다른 주들에서도 어김없이 등장했다. 하지만 공적 예산을 확충하는 방안과 관련된 윤리적인 문제 제기는 경제적 압력에 부닥치면서 대부분 힘을 잃었다.

사람들은 왜 복권을 사는가?

기본적으로 복권은 일종의 기분전환이자 오락이며, 사람들이 그것을 즐기기 때문에 존재한다고 많은 이들이 주장한다. 어떤 형태든 도박을 합법화한 나라에서는 국민들의 도박 참여율이 80~90%에 이르는 것으로 추정된다. 하지만 도박을 하는 이들의 3분의 2는 가끔씩 추첨식 물건 판매에 참여하거나, 스테이크경마 복권에 번호를 적어 넣거나, 운동경기 도박장에 들르는 등 아주 가끔씩만 도박을 할 뿐이다.[91] 성인 인구 가운데 3분의 1만이 매주 도박에 참가한다.[92]

사회학적 이론은 대개 도박이란 불만이나 박탈감의 결과라고 주장한다.[93] 기술을 습득하거나 열심히 일하는 것만으로는 성공의 기회를 잡을 수 없다고 생각하는 사람들에게 도박이 절망감에서 탈출할 길을 열어주기 때문에 서구 선진국에서 도박이 지속되는 현상이 벌어진다는 것이다.[94]

에드워드 드브뢰는 《도박과 사회구조》에서 도박은 불확실성에 대처하려는 인간의 노력에 뿌리를 둔 행동이라고 주장한다. 자본주의 사회는 노동의 윤리와 개인적 결단을 강조하지만 기회는 제한적으로만 제공한다. 이런 사회에서 도박은 두 가지 효과를 낸다. 그 중 하나는 도박이 경제적 상황을 개선할 수 있는 잠재적 도구가 된다는 점이다. 다른 하나는 도박이 전반적인 절망감 속에서도 개인이 일정하게 주관적 만족을 느낄 수 있게 해준다는 점이다.[95]

도박의 동기가 일반적으로 불확실성이나 좌절감과 연관돼 있다는 점은 각종의 연구 결과들이 뒷받침한다. 뉴잉글랜드 지역 술집의 단골손님들을 대상으로 한 I. K. 졸라의 연구는, 도박을 하는 것은 자기 운명을 스스로 통제하려고 하는 행위임을 보여준다.[96] 또 노먼 데니스, 페르난도 헨리케스, 클리포드 슬라프터는 영국 광부들에 대한 조사 결과 다음과 같은 사실을 밝혀냈다.

광부들은 자신들의 삶의 한계에서 도피하고, 힘들고 더럽고 위험한 일에서 벗어나는 것은 저축으로 될 일이 아니며, 진짜 큰돈을 챙겨야만 가능하다고 생각하기 때문에 도박을 한다.[97]

스웨덴에서도 《스웨덴의 도박》이란 책을 통해 도박을 하는 이들은 그렇지 않은 이들에 비해 자신의 일의 전망과 수입에 대해 더 큰 불만을 갖고 있다는 연구 결과를 발표했다.[98]

반면, 도박이란 사교적 측면이 있는 일종의 오락이라는 주장도 있다. 경마와 카지노는 도박꾼들이 서로 의견을 주고받으며 판단을 내리는 등 서로 사회적 관계를 맺을 기회를 제공하고 경기의 긴장감을 즐기게 해준다는 것이다. 하지만 실제로 도박행위에서 차지하는 사교적 요소의 비중에 대해 의문을 제기하는 연구자들도 있다. 일반적으로 사람들은 복권을 사는 행위에 대해 "인식 능력이나 사회적 상호작용과 반드시 연관되지는 않는, 주관적이고 사적인 일"[99]이라고 여긴다. 앨런 J. 카처는 주 정부가 시행하는 복권은 일종의 오락이라는 주장에 대해 따져본 뒤 이렇게 썼다.

당신이 사는 지역에서 가장 가난한 도시, 거기서도 가장 사람이 살기 힘든 곳을 한번 찾아가 보라. 미국에서 복권이 지금 어떤 것이 됐는지를 금세 목격하게 될 것이다. 복권을 사기 위해 줄지어 선 채 마치 기도하면서 묵주의 구슬을 세듯 주머니 속의 잔돈을 세고 있는 이들의 얼굴을 들여다보라. 그들이 사는 복권은 그들의 꿈과 희망에 대한 세금이다. 이것이 진정 오락이라면 왜 거기 서있는 사람들은 단 한 명도 즐거워 보이지 않는 것인가? 기분전환이라면, 분위기가 왜 그리 음울하고 비참한가?[100]

경제상황의 어려움과 복권 등 운에 돈을 거는 게임류의 번성 사이에는 상관관계가 있다. 이 점에 대해서는 스테이크 복권 홍보를 전문으로 하는 회사들의 행태에서도 찾아볼 수 있다. 1981년 〈뉴욕타임스〉의 한 광고 전문 칼럼니스트는 스테이크 복권을 전문적으로 홍보하는 한 회사에 대해 이렇게 썼다.

모든 사람들이 레이건 대통령의 경제회복 노력을 지지하는 건 아니다. 예를 들어 벤추라 어소시에이츠의 사장 제프리 P. 파인먼을 보자. 그는 자신의 사업이 "정확하게 경제상황에 반비례"해서 거꾸로 진행된다고 말한다. 어려움에 처한 자동차 업체들은 전시장을 고객으로 가득 채워야 한다는 압박감 때문에 복권을 원한다. 복권은 고객들로 하여금 혹시 내가 당첨자가 되지 않을까 하는 심정을 갖고 자동차 매장으로 발길을 옮기게 한다. 광고를 가장 신뢰하고 지지하는 소비재 업체들도 날로 더 복권에 의지하고 있다. 파인먼은 "꿈을 달성할 기회는 습관도 바꾼다"고 믿는다.[101]

이 장의 앞부분에서 간단히 살펴본 복권의 역사도 경제적 불확실성과 복권 구입의 상관관계를 뒷받침한다. 기회가 적게 주어지고 자산도 부족한 계층은 언제나 복권이 자랄 비옥한 토양이었다. 복권이 그들에게 끼치는 영향에 대한 우려가 역사적으로 미국과 유럽에서 복권 반대론의 바탕이 돼왔다. 1934년 케네디 하원의원이 "그들이 가까운 장래에 편안해질 수 있는, 현실적으로 유일한 가능성을 제공한다"고 말했을 때 그도 경제적 불안과 복권의 상관관계를 당연한 전제로 여겼다.

게다가 그럭저럭 경제적 안정을 이룬 많은 사람들도 자신이 지루하고 힘들거나 위험한 일에 갇혀있다고 느낄 수 있다. 경제가 고도로 집중되고 비인간적인 산업의 시대에 사는 현대인에게는 가치도 있고 자신이 스스로 결정권을 발휘할 수 있는 일자리, 특히 적정한 임금과 의료보험, 노후생계 보장 등 현실적인 수요를 충족시켜줄 일자리를 얻을 가능성의 여지는 극히 제한돼 있다. 경제적으로 한계상황으로 내몰리지 않은 사람들조차 복권을 사려고 하는 이유가 여기에 있다.

미국에서 복권이 다시 등장한 것을 '소비자 수요' 측면에서도 봐야 한다고 하지만, 복권 수요에는 통상적인 '소비자 수요'나 오락보다는 경제적인 좌절감과 불안, 절망이 훨씬 더 중요한 요소로 작용한다. 복권에 대한 대중의 수요는 우리 시대의 강압적이고 심지어 강제적이기까지 한 경제사회 제도와, 거기서 비롯된 경제 환경 또는 생존에 대한 우려가 상호작용하면서 만들어낸 산물이다. 게다가 부유함이 높이 치켜세워지고, 노동의 가치는 추락하며, 빈곤은 모욕이 된 미국과 같은 사회에서라면, 사람들이 복권에 희망을 걸고 몇 푼 되지도 않는 재산에서 상당 부분을 떼어내 복권에 투자한다고 해서 놀랄 일이 아니다.

복권의 경우에도 경제정책과 그 밑바탕에 깔린 가치는 경제상황에 의해 크게 좌우된다고 말할 수 있다. 미국을 비롯한 세계 각국에서 복권에 대해 끊임없이 제기돼온 도덕적 비판은 기껏해야 복권을 한시적으로만 금지시키거나 복권에 대한 정부의 규제를 강화하는 정도의 결과를 내는 데 그쳤다. 복권은 도덕적 비난을 들으면서도 그대로 유지되거나, 일시적으로 없어졌다가도 금세 다시 등장했다는 사실을 되새

겨볼 필요가 있다. 복권이라는 사례는 옳고 그름이 무엇이며 물질적 필요는 어떻게 충족돼야 하는지에 대한 개인적이거나 사회적인 판단에는 '궁핍함의 오싹한 고통'[102]이 강력한 영향을 끼친다는 주장을 뒷받침한다.

마지막으로 미국 역사 초기에 복권이 번창하는 데 기여한 경제적 조건과, 최근 복권을 다시 등장하게 만든 경제적 조건은 중요한 측면에서 전혀 다르다는 사실을 지적해두는 것 또한 의미가 있다. 17세기에서 19세기 초에 이르는 자본주의 초기에는 자본의 창출과 분배를 맡을 제도가 제대로 발달하지 못했다. 그래서 초기에는 공공사업이나 개인사업에서 복권이 필요했던 측면이 있었다.

자본주의가 발달하면서 많은 수의 다양한 금융기관들이 발달했고, 대기업들도 성장에 필요한 자본의 상당 부분을 자체적으로 조달할 능력을 갖추게 되었다. 20세기 말에는 이미 투자할 자본을 창출할 기구와 절차들이 아주 잘 발달한 상태인데, 왜 복권이 아직도 필요한가? 그 답은 독점과 글로벌 자본주의의 힘에 의해 형태가 갖추어진 현재의 금융기관들이 공적 부문보다는 사기업의 이익에 훨씬 더 잘 봉사한다는 사실에 있다.

오늘날의 복권이 비록 상당한 규모의 추가 투자자본을 창출할 수 있기는 하나, 본질적으로 상업적인 기업 활동에 필요한 자금을 마련해주기 위한 것은 아니다. 오늘날의 복권은 기업의 구조조정과 사유재산의 집중화가 심화하는 와중에서 빈털터리가 된 정부를 지원하기 위한 수단으로 도입됐다. 좀더 공평하며 합리적인 형태의 자본주의라면 학교, 사회서비스, 그 밖의 공적 사업에 필요한 재원을 충분히 창출할 수 있겠지만, 관리되고 있다고는 하나 적절히 견제되지는 않는 오늘날의 자본주의는 공적 수요를 충족시킬 사업을 하는 데 필요한 자금을 만들어내지 못한다.

자본주의는 개인적인 부와 권력을 추구할 기회를 제공하지만, 이로 인해 전 세계 대중에게 이익을 가져다 줄 수 있는 산업화의 잠재력은 훼손당하고 있다고 오래 전부터 마르크스주의자들은 주장해 왔다. 갈브레이스의 말대로 20세기에 거대 기업들의 목표는 국가 이익과 상충돼 왔다. 상대적으로 소수인 사람들이 다수의 사람들을 통제할 수 있게 해주는 이런저런 형태의 착취가 지난 1만 년 동안 서구사회의 특징을 이루었다.

오늘날 힘 있는 개인들은 점점 더 많이 기업을 활용하면서 경제제도, 사회제도, 정치제도에 강력한 영향력을 행사한다. 세금정책에 대해서도 마찬가지다. 이런 영향력 행사의 결과로 부유층과 기업에 대해서는 상대적으로 낮은 세율이 부과된다. 여기에 탈공업화 및 재산을 가진 사람들의 이기적인 행동이 결합되면서 주 정부의 경제적 위기가 촉발됐고, 복권이 부활할 수 있는 비옥한 토양이 조성됐다.

이처럼 20세기에 복권이 다시 등장하게 만든 요인은 금융제도가 발달하지 못해서가 아니라 권력과 부의 불공평한 분배가 유지되는 것이 특징인 경제조직 그 자체에 있다. 복권이 다시 등장할 경제사회적 조건을 만드는 데서, 그리고 복권을 도입하고 퍼뜨리는 데서 정부가 어떤 구실을 했는지는 다음 장의 주제로 다뤄진다. 다음 장의 초반부에

서는 복권과 관련된 의문스러운 정부 정책을 집중 조명할 것이고, 뒷
부분에서는 국가의 역할과 20세기 말 자본주의를 위해 국가가 수행하
는 기능에서 복권이 어떤 위치를 차지하는지를 다룰 것이다.

3장

복권, 의문스런 정부 정책

포레스트 공원은 미주리주 세인트루이스시의 서쪽 끝자락에 자리 잡은 커다란 도심공원이다. 이 공원에는 집 없는 이들이 밤을 보내는 장소가 있다. 여기서는 코팅이 긁힌 채 버려진 즉석복권들을 쉽게 발견할 수 있다. 자신들의 소중한 몇 달러가 100달러, 500달러, 1000달러로 커지기를 바라는 이곳의 노숙자들이 버린 것이다. 그들은 결국 얼마 되지도 않는 자기 돈에서 상당 부분을 미주리주에 세금으로 바치고 있다.

복권은 진정 세금인가? 세금은 본래 정부가 공적인 목적에 사용하기 위해 거두는 돈이다. 대중이 주 정부의 복권을 세금으로 생각하지 않는다면, 그건 정부 관리들이 그런 분위기를 만들었기 때문이다. 전 뉴저지주 의원인 앨런 J. 카처는 이렇게 진술했다.

복권 담당 대변인이 혹시라도 복권이 세금이라고 설명하는 일은 좀체 없다. 복권식 어법에서는 복권으로 확보한 세입을 '꺼내 간 것'이라고 완곡하게 표현한다. 복권 옹호자들은 세금이 부과된다는 점을 대중이 깨닫지 못하게 하기 위해 여러 가지 완곡한 표현들을 고안해냈다. 복권을 사는 이들은 언제나 '경기자(player)'라고 지칭되지, 납세자로 불리는 경우는 없다.[1]

듀크대의 클로트펠터 교수와 쿡 교수는 복권 수입이 "세금으로 불리는 수입에 비해 결코 그 유용성이 떨어지는 게 아니기 때문에 복권을 '암묵적인 세금'이라고 부르는 것이 타당하다"[2]고 지적한다. 실제로 주 정부의 복권은 '고통 없는 세금'으로 불리곤 한다. 일반 대중이 복권 자체는 물론 복권이 창출하는 추가적인 공적 재원에 대해서도 지지하기 때문이다. 사람들은 다른 형태의 세금에 대해서는 불만의 항의 표시를 하곤 하지만, 복권에 대해서는 그렇게 하지 않는다.

주 정부의 복권은 공정한 과세 형태인가? 공정한 과세란 무엇인가? 이런 질문에 대한 고전적인 답변은 이미 애덤 스미스가 《국부론》에서 내놓았다. 그는 이렇게 믿었다.

모든 국가의 국민은 가능한 한 각자의 능력에 비례해 정부를 지원하는 데 기여해야 한다. 다시 말하자면 정부의 보호 속에서 각자가 얻은 수입에 비례해 기여해야 한다.[3]

주 정부의 복권사업은 스미스의 기준을 충족시키는가? 저소득층이 내는 '고통 없는 세금'이 그들의 소득에서 차지하는 비중은 고소득층의 경우보다 크지 않은가?

코네티컷주 특별세입위원회가 1977년에 실시한 조사 결과에 따르면 정부가 매일 실시하는 복권은 주로 가난한 사람, 만성적인 실업자, 저학력자들을 끌어들이는 반면, 대학을 졸업하고 소득이 2만 5000달러를 넘는 사람들은 대부분 주 정부의 각종 복권들을 무시한다.[4] 클로트펠터와 쿡 교수도 복권에 참여하는 이들 중 압도적인 다수가 저소득층이라는 사실을 확인했다.[5] 두 사람은 갤럽이 1984년 메릴랜드 주민을 대상으로 실시한 설문조사 자료를 바탕으로 성인을 소득에 따라 다섯 등급으로 나누고, 각 등급에서 복권을 가장 많이 사는 사람 20%를 골라내어 비교했다. 각 소득계층에서 복권을 많이 사는 20%가 복권을 사는 데 지출한 돈은 자신이 속한 계층의 평균 복권구입 지출액에 비해 3배를 넘었다. 특히 복권을 열심히 사는 이들 가운데서도 가장 많은 돈을 지출하는 그룹은 최저소득 계층에 속하는 사람들이었다.

클로트펠터와 쿡 교수의 분석 결과는 〈표3-1〉에 정리돼 있다. 이 표를 보면 소득 1만 달러 미만 계층에서 가장 복권에 빠진 20%가 한 주에 복권에 지출하는 비용은 평균 32달러다. 이뿐 아니다. 다니엘 수트가 1979~1980 회계연도의 미시간 주 복권을 분석한 결과, 가구소득에서 복권에 지출하는 액수가 차지하는 비중은 1인당 소득이 10% 증가할 때마다 12%씩 줄어드는 것으로 나타났다.[6]

복권 비판자들은 정부의 복권이 불공평한 것은 주로 이것이 역진적인 형태를 띠기 때문이라고 지적한다. 역진적이라 함은 고소득층보다 저소득층의 부담비율이 더 높다는 뜻이다. 대니얼 수츠는 1977년에 세금의 역진성에 대한 연구를 벌인 결과, 정부의 복권사업이 판매세보다 2~3배는 더 역진적이라는 사실을 밝혀냈다.[7]

찰스 T. 클로트펠터 교수는 1979년 메릴랜드주의 '일간 숫자선택 방식 복권'에 대한 연구에서 이 복권이 "정부 세입구조의 역진성을 더 심화시키는 것으로 보인다"[8]고 결론지었다. 당시의 다른 연구들도 비슷한 결론에 도달했다.[9] 이에 자극받아 〈비즈니스위크〉는 정부의 복권이 "저소득층의 허리 벨트 아래를 치는 치사한 짓"[10]과 다름없는 세금구조의 주요 구성요소라고 지적하는 글을 싣기도 했다.

정부가 운영하는 복권은 역진적이며, 그 역진성이 날로 더 심해지고 있다는 증거를 제시하는 연구보고가 늘고 있다. 1992년에 오리건 주민 3200명을 대상으로 한 복권에 대한 조사 결과는 "복권 노름은

| 표 3-1 | 소득계층별 복권참여 격차, 1984년 메릴랜드주

연소득	주당 평균 복권구입 비용(달러)	
	전체 성인	구매량 상위 20%
1만 달러 미만	7.30	32.56
1만 ~ 1만 5천 달러	5.37	21.85
1만 5천 ~ 2만 5천 달러	2.99	12.15
2만 5천 ~ 5만 달러	3.21	14.70
5만 달러 이상	2.57	12.48

자료: 찰스 T. 클로트펠터, 필립 J. 쿡, 《희망 팔기: 미국의 주 정부 복권》
(케임브리지, 매사추세츠: 하버드대 출판부, 1989), 143쪽

저소득층일수록 더 부담이 되는데, 이는 전체 가구소득에서 복권을 사는 데 들이는 비용이 차지하는 비중이 더 크기 때문"[11]이라고 지적했다.

인디애나 주민 701명을 대상으로 한 1995년의 조사도 복권의 역진성이 심화하고 있음을 밝혀냈다(그래프 3-1 참조). 이 연구의 저자 모린 피로그굿과 존 L. 마이크셀은 이렇게 말한다.

복권은 대단히 역진적이며, 그 역진성은 시간이 갈수록 심해진다. 최하소득 계층이 1992년 한 해 복권에 들인 돈은 최하층 전체 연간소득의 1.78%였으며, 복권을 사는 이들만 놓고 보면 소득의 4.21%에 달했다. 최하층 복권 구매자가 한 해에 쓴 돈은 631달러 28센트였다. 1992년 최하층에 속하는 복권 구매자들이 복권에 들인 돈은 전체 복권 매출의 22.6%를 차지했는데, 1988년에는 이 비율이 13.0%에 불과했다.[12]

문제가 아닐 수 없다. 가난한 이들이 날이 갈수록 '고통 없는 세금'의 공격을 더욱 심하게 받는 꼴이기 때문이다. 공적 자금을 조성하는 방법으로서 복권이 지닌 형평성의 문제에 대해 심각한 우려를 하지 않을 수 없다. 감당할 능력이 가장 적은 이들이 정부의 재정문제라는 짐을 부당하게 떠안고 있는 것이다. 메릴랜드주의 로널드 앨섭 상원의원은 "복권은 주 정부 재정을 책임지는 부담을 저소득층에게 비정상적으로 과도하게 떠넘긴다"[13]고 말했다.

1972년부터 1976년까지 캐나다의 브리티시컬럼비아주 지사를 지

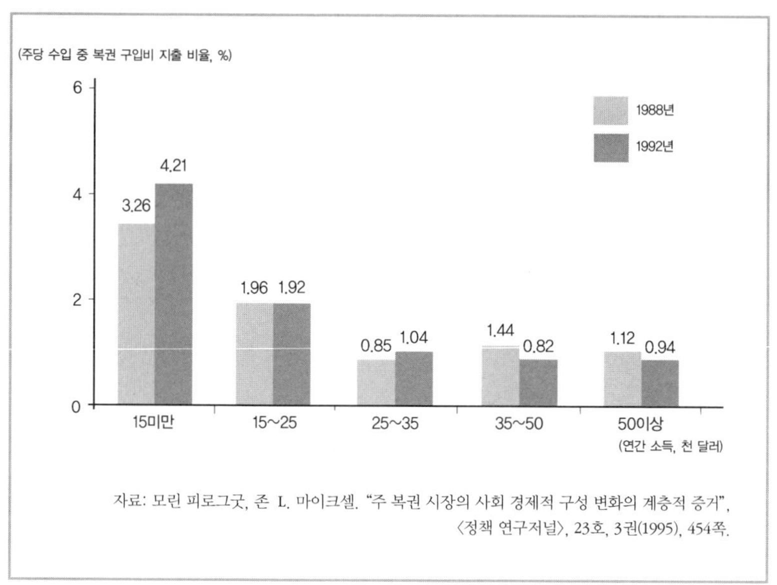

낸 데이비드 배릿은 자신이 초창기에 주 정부의 복권사업을 지지했던 것을 후회하며 이렇게 말했다. "복권은 저소득층이 불공평하게 떠안는 역진세 이상도 이하도 아니다. 의도는 그런 게 아니었지만 결국은 그 꼴이 됐다."[14] 유명한 영국 수학자이자 베스트셀러 《시간의 역사》를 쓴 스티븐 호킹도 "나는 영국 국영 복권에 반대한다. 감당할 여력이 가장 적은 이들의 돈을 앗아가는 비열하고 너저분한 것이기 때문이다"[15]고 말했다.

이렇듯 복권은 개인이 사회에서 얻는 수입의 비율에 따라 계산해 부과되는 세금이 아니며, 그래서 애덤 스미스의 기준에서 보면 명백하게 불공정하다.

복권은 다른 세금 형태에 비해 정부로 귀속되는 비율이 아주 낮다는 점에서도 비판을 받고 있다. 정부귀속 비율이 낮은 것은 관리비용이 차지하는 비율이 워낙 크기 때문이다. 시카고대학 경제사회학과의 게리 베커 교수는 이렇게 말한다.

복권은 이른바 '숫자게임'을 제치고 저소득층이 가장 선호하는 노름 형태가 됐다. 그러나 복권 전체 매출의 단지 절반 정도만이 당첨금으로 돌아올 뿐이다. 주에 따라 전체 매출의 30~45%가 세금으로 책정된다. 가난한 이들이 좀더 나은 삶을 꿈꾸면서 부담 없이 즐기는 놀이에 정부가 이렇게 과도한 세금을 부과하는 이유는 도대체 뭘까?
형평성 측면에서 복권에 대한 과도한 세금 부과를 정당화하기란 불가능하다. 연방정부와 많은 주 정부들이 재정적자를 줄이기 위해 추가적인 세원을 찾고 있지만, 강력한 정치적 저항세력에게 세금을 더 많이 물리는 일은 줄곧 피해왔다. 기업들은 자신들의 제품에 부과되는 세금을 줄이기 위해 종종 자신들의 정치적 영향력을 이용한다.[16]

정부, 복권 홍보에 나서다

정부 복권을 옹호하는 사람들은 역진성 문제 제기에 대항해, 복권은 전적으로 선택의 문제일 뿐이라고 주장한다. 복권을 살 것인가 말 것인가는 전적으로 사람들 스스로가 결정할 일이라는 게 그들의 주장이다. 물론 아무도 복권을 사도록 강요당하지 않는다는 건 사실이다. 하지만 정부는 복권을 사도록 상당히 부추기며, 저소득층이라고 해서 무시하고 넘어가지 않는다.

1986년 시카고의 한 교회는 일리노이주 복권이 저소득층을 대상으로 광고를 벌인다는 이유로 복권 거부운동을 전개했다.[17] 1989년 버지니아주의 일부 지역사회 관리들은 주 정부 관리들에게 몇몇 복권 광고가 "소득이 제한적이거나 아예 없는 시민들을 복권에 빠지게 만드는 결과를 초래한다"[18]고 이의를 제기했다. 1979년 델라웨어주의 도박문제위원회가 실시한 연구는 다음과 같은 사실을 확인했다.

> 주 정부 복권위원회는 실업률이 가장 높고 생활수준이 가장 낮으며 사회복지 수혜자 비율이 가장 높은 빈민지역에 복권판매 기계를 의도적으로 설치했다.[19]

이 연구 결과 가장 부유한 계층이 사는 지역에는 복권기계가 전혀 없으며, 상류층 거주 지역에는 인구 1만 7774명당 한 대꼴로 기계가 설치됐고 중산층 지역엔 5031명당 한 대, 극빈층 지역엔 1981명당 한 대가 각각 설치돼 있다는 사실이 드러났다.[20]

복권을 판촉하는 사람들에게는 유색인종도 적극적인 공략 대상이다. 예를 들어 1989년에 실시된 미주리주 복권에 대한 심층조사는 인쇄매체 광고예산 가운데 많은 부분이 흑인을 독자층으로 하는 신문에 배정됐다는 사실을 밝혀냈다. 세인트루이스시에서는 인쇄매체 광고의 71%가 4개의 흑인 대상 신문에 광고를 내는 데 쓰였다. 캔자스시는 인쇄매체 광고의 81%를 3개 흑인 대상 신문과 1개 중남미계 대상 신문에 집중시켰다. 이런 광고들은 소수계 지역사회에서 복권의 판매를 증대시키는 동시에 복권에 정당성을 부여하겠다는 의도에 맞춰 제작된 것들이다. 세인트루이스의 〈리버프런트 타임스〉 기자는 이렇게 지적했다.

모든 흑인 대상 신문에 한 달에 3번꼴로 실린 '실제 당첨자' 광고는 지역사회 생활의 각각 다른 측면에서 개인들을 부각시키는 내용이다. 예를 들어 3월 8~14일치 〈세인트루이스 아메리칸〉의 한 면 중 4분의 3을 차지한 광고는 세인트루이스에서 기계 및 기술 분야에서 일하는 3명의 흑인을 부각시켰다. 이들 3명은 젊은이들을 위한 지역사회 프로그램에 모범적인 모델 또는 강사로 참여하고 있다. 광고 하단에는 "이들 진짜 당첨자들처럼 미주리주 복권은 우리 지역사회를 강화하는 데 기여합니다"라는 문구가 배치돼 있다.[21]

소수민 지역사회를 대상으로 한 이런 집중적인 판촉은 효과를 내고 있다. 메릴랜드 주 복권 실태에 대한 클로트펠터와 쿡의 연구는 흑인의 41%가 일주일에 복권 구매에 10달러 이상을 쓰고 있는 반면 백인 가운데 이만큼 쓰는 이는 8%에 불과하다는 것을 보여준다. 이와 비슷하게 1989년 신시내티대학 정책연구소가 실시한 조사에서는 매주 복

권을 사는 흑인의 비율이 33%로 백인의 21%를 크게 앞서는 것으로 드러났다.[22]

온갖 현대적 광고 기법과 방식을 이용해 복권 판촉에 나서는 것은 정부가 할 일이 못된다는 주장이 계속 제기돼 왔다. "참여하지 않고선 상금을 탈 길도 없습니다" "육감에 걸어보십시오. 덩굴째 얻을 수 있습니다" "필요한 것은 1달러와 꿈뿐" 등과 같은 광고 문구를 이용해 주 정부는 지속적으로 복권 구매자를 늘려가려고 한다. 워싱턴주에서 복권에 당첨된 어떤 이는 광고에서 "지금 나는 낙원의 거리를 걷고 있다"고 외친다. 일리노이주의 복권 광고에는 저축을 하는 이들을 비웃으면서 "평범한 사람이 백만장자가 되는 유일한 길은 복권에 당첨되는 것"이라고 주장하는 남성이 등장한다.[23]

정부 복권 광고업자는 누가 규제하나? 그들 스스로 자율규제를 한다. 1975년 '전국 주 정부 및 지역 복권협회'는 광고윤리 규범을 제정했다. 이 규범의 일부를 들어보면 다음과 같다.

복권이나 복권 관련 제품의 판매촉진 수단으로 거짓이거나, 오해를 유발하거나, 기타 사기성 농후한 광고를 고의적으로 승인하거나 채택하지 않는다. 이는 광고 문구는 물론 도표에도 적용된다.

탐욕을 불러일으켜 사람들로 하여금 복권 및 관련 서비스를 구매하게 하는 광고를 승인하지 않는다.

그 어떤 경우를 막론하고 직접 또는 간접으로 복권 구매자가 당첨금을 탈 확률을 엉터리로 표시하거나, 복권을 사지 않는 사람을 헐뜯거나, 복권을 사는 사람을 부당하게 치켜세우는 광고 및 판촉활동을 통해 사람들이 과도하게 복권을 사도록 권하지 않는다. 복권 구매자의 당첨 가능성과 관련해 '복표 한 장이면 승자가 된다' 와 같은 합당하지 못하거나 잘못된 문구를 사용해선 안 된다.

전체 당첨금 구성 방식과 각 등급의 당첨 확률에 대한 완벽하고 총체적인 설명을 복권 판매 시작과 함께 분명하게 공개하고 설명문을 배포한다. 이 정보는 각각의 복권 개시를 알리는 초기 광고나 판매 책자에, 또는 두 가지 모두에 사각형으로 분명하고도 눈에 띄게 표시한다.[24]

앨런 J. 카처는 "이 규범은 지속적인 위반을 통해서만 존중되고 있다. 적나라하게 말해서 그냥 무시당한다는 얘기"[25]라고 지적했다. 이 광고 규범은 1975년에 선의로 채택됐겠지만, 현재의 경제적 여건에 비추면 시대착오적인 것일지 모른다. 메릴랜드주 의원인 하워드 P. 롤링스는 〈워싱턴 포스트〉에서 복권 광고의 특성에 대해 이렇게 지적했다.

현실적으로 광고와 판촉에서 오는 유혹이 엄청나다. 인간 본성을 예민하게 인식하고 그를 바탕으로 광고를 하기 때문이다. 그러나 복권이 주 정부의 세입 구조에서 중요한 부분을 차지하기 때문에 어떤 의원도 복권 대신 세금을 인상하는 안에는 찬성표를 던지지 않을 것이다.[26]

사기성 판촉

정부 복권은 사기성 판촉활동을 한다는 혐의까지 받고 있다. 예를 들어 많은 주 정부들은 복권 광고에, 특히 1등 당첨확률이 500만 분의 1 정도에 불과한 대형 복권의 광고에는 당첨확률을 표시하도록 요구하지 않는다.

1998년 당첨금이 1억 9500만 달러에 이른 파워볼 복권의 당첨 확률은 800만 분의 1까지 떨어졌다.[27] 사람이 번개에 맞을 확률이 이 복권에 당첨될 확률보다 적어도 8배는 높다.[28] 미시간주 복권은 이런 비판의 논리에 대응하는 텔레비전 광고를 개발했다. 이 광고에선 한 사람이 등장해 번개에 맞을 확률이 복권에 당첨될 확률보다 훨씬 높다고 단호히 주장한다. 그리곤 휙 하고 번개에 맞는다. 시꺼멓게 탄 그는 가까스로 살아나 "복권 한 장만"이라고 말한다.[29]

1990년에 복권 광고전단에 당첨 확률을 표시한 비율은 전체 주 정부 복권의 절반에도 못 미쳤다. 또 텔레비전 광고에 당첨 확률을 표시한 경우는 25%에 지나지 않았다.[30] 놀랄 일은 아니지만, 델라웨어주 도박위원회의 자료를 보면 복권 구매자의 92%가 당첨확률을 모르는 것으로 나타난다.[31]

복권 당첨금 광고 또한 사람들을 오도한다. 광고는 사람들에게 백만장자가 되는 데 운을 걸어보라고 호소하며, 호화판이며 때때로는 공상적이기까지 한 가정과 생활양식의 이미지를 내세워 기대감을 한껏 부추긴다. 하지만 복권 당첨자 가운데 수백만 달러를 일시에 받는 경우는 거의 없다. 복권 당첨금은 보통 20년에 걸쳐 조금씩 지급된다. 복권 당첨자가 아니라 시행기관인 주 정부가 당첨금으로 책정된 자금을 보유하면서 투자해 이자를 챙기는 것이다.

이러한 오해는 한 복권 당첨자에게 치명적인 결과를 초래했다. 컴퓨터 기술자인 버드 피시맨은 조지아주 복권에 당첨돼 200만 달러를 받게 되자 매사추세츠주의 반도 케이프 코드풍의 집, 18세기 전후에 사용됐던 돛 단 군함 코르베트풍의 범선, 화면 10개짜리 멀티미디어 컴퓨터 오락 시스템 등을 사들이고, 물건을 살 때 따로 승인받을 필요가 없는 신용카드 23장을 발급받았다. 그는 돈을 흥청망청 썼고, 수영장을 새로 사기 위해 신용카드 9개를 추가로 발급받는 지경에까지 이르렀다. 그런데 정작 당첨금은 첫 해분인 7만 달러짜리 수표 1장만 도착했다. 그는 불안신경증 발작을 일으켜 병원에 실려 가야 했다. 피시맨은 그 후 3년을 엄청난 빚에서 헤어나기 위해 애쓰다가 자신이 산 새 집 지붕에서 뛰어내려 자살했다.[32]

몇몇 1등 당첨자들은 당첨금이 20년 동안 나눠 지급된다는 것을 알게 됐을 때 일시불을 요구하기도 하지만, 이런 선택을 하면 지급 액수가 처음 당첨금보다 상당히 줄어들게 된다. 분할지급이든 일시불이든 당첨자가 받는 액수는 연방세, 주 정부세, 지방세를 빼고 나면 당첨총액의 55% 정도에 그친다.

각 주 정부는 다른 모든 형태의 도박에 대해서는 자신들이 시행하는 복권에 비해 훨씬 엄격한 지급 기준을 요구하는 경향이 있다. 다른 합법적인 도박에 대해서는 판매액의 80~90%를 당첨금으로 돌려주도록 법으로 규정하고 있다. 예를 들어 경마는 판돈의 평균 80%를 상금으로 지급하도록 규정하고 있다.[33] 이와 대조적으로 복권의 상금 지급 비율은 보통 판매액의 50% 정도여서 상대적으로 많이 낮다.

공적 재원을 마련하기 위해 복권을 이용하는 것이 적합한가를 둘러싼 논란과 복권 시행 과정에서 정부가 사기 칠 여지가 있다는 문제점은, 정부 복권과 범죄가 무관하지 않을 것이라는 우려와 얽히면서 더욱 복잡하고 시끄러운 논란거리가 된다.

1960년대와 1970년대에 복권 옹호자들은 정부가 복권을 발행하지 않을 경우에는 불법 숫자게임 복권을 장악하고 있는 조직범죄 집단이 주로 득을 볼 것이라고 주장했다. 하지만 사실은 정부의 복권사업이 불법 숫자게임에 참여하는 사람 수를 늘어나게 한다는 증거가 존재한다.[34] 〈게임과 놀음 매거진〉을 보면 불법 숫자게임의 총 매출이 1982년부터 1988년 사이에 25%나 늘어났다.[35] 몇몇 주에서는 불법 숫자게임 운영자들이 매일 당첨자를 뽑는 주 정부 복권의 결과에 따라 당첨자를 결정하는 방식까지 도입하고 있다.[36]

정부가 시행하는 복권이 절도에 영향을 끼칠 수 있다는 데 대한 증거도 있다. 1990년에 50개 주와 워싱턴시를 대상으로 실시한 연구 결과를 보면 정부 복권과 절도 사이에는 상관관계가 있다.[37] 다른 사회경제적 지표가 일정하다고 가정할 때 복권사업을 벌이는 주는 그렇지 않은 주보다 절도범죄율이 3% 정도 높게 나타났다. 이는 통계적으로 의미 있는 수치다. 이 작업에 참여한 연구자들은 그들이 밝혀낸 상관관계를 몇 가지 이론으로 설명했다. 그중 하나는 정부의 복권사업이 사람들에게 위험한 행동을 감수하도록 부추긴다는 것이다. 복권으로 일확천금을 한 이들의 이야기가 널리 퍼지면서 주민 중 일부는 상대적 박탈감이 더 커졌을 수 있다고 연구자들은 지적했다. 이보다 먼저 이뤄진 한 연구는 상대적 박탈감과 범죄의 상관관계에 주목했다.[38]

주 정부들은 19세기 말에 복권이 없어진 요인 중 하나인 사기와 부패가 현재의 복권사업에서 다시 나타나지 않도록 하는 데 심혈을 기울이고 있다. 현대식 복권을 처음 도입한 뉴햄프셔주는 부패 발생의 가능성에 매우 신경을 써서, 첫 복권사업 관리자로 전직 연방 수사관을 고용했을 정도다. 복권 관련 비리의 발생을 방지하려는 노력들에도 불구하고 복권과 관련된 사기와 부정부패가 발생한 사례가 있었고, 비리 의혹도 적잖이 제기됐다.

널리 알려진 것으로는 1981년 펜실베이니아주에서 발생한 사건이 있다. 이는 당첨번호 결정에 사용되는 탁구공 가운데 4번과 6번 숫자가 적힌 공을 뺀 나머지 공들에 어떤 액체를 주입해 추첨에서 잘 뽑히지 않도록 조작한 사건이다. 복권 추첨 프로그램을 진행하던 아나운서를 포함해 사건 연루자들이 모두 드러났다. 1988년에는 복권 공급업체 직원이 당첨 번호가 발표된 뒤 1등 복권을 위조한 사건이 발생했다. 당첨금 1500만 달러의 복권을 위조했던 이 사건 또한 그 진상이 모두 밝혀졌다.

복권 공급업자와 광고대행사 선정과 관련된 의혹도 제기된 바 있다. 예를 들어 1994년 세계 최대의 복권장비 공급업체이자 운영업체인 지테크는 타인의 사업권을 침해했다는 혐의를 받았다. 이 회사는 켄터키주와 뉴저지주에서 조사를 받았다.[39] 1998년에는 뇌물공여 혐의로 영국 정부의 조사를 받기도 했다. 조사 결과 이 회사는 영국 국영 복권을 비영리 방식으로 전환하려던 영국 쪽 구상을 철회시키려고 업계 거물들을 매수하려고 했던 것으로 드러났다.[40]

교육예산 지원, 주머닛돈이 쌈짓돈

세수 증대방안의 하나로 정부가 복권사업을 하는 데 따른 공정성 문제에 대한 논란은 많은 복권 옹호자들의 '교육재정 증대' 요구에 점차 밀려났다. 교육재정 확충을 약속하면서 복권 판촉에 열을 올리는 정부의 행태에 대해 플로리다공대의 사회학과 교수 로이 캐플런은 이렇게 평했다.

> 교육재정을 마련하기 위한 것이라면서, 가장 가난하고 교육을 못 받은 계층에게 복권을 더 사도록 부추기고 심지어 복권에 손대지 않는 이들까지 끌어들이는 정부의 행태는 잔인하리만치 잘못된 것이다.[41]

실제로 복권 수익의 전액을 교육에 투자하는 주는 단 10곳뿐이다. 그나마 수익 중 일부라도 교육에 투자하는 주도 기껏 16곳에 불과하다.[42] 복권 수입의 사용 용도와 주별 매출액은 〈표3-2〉에 정리돼 있다. 당첨금과 비용을 제외하고 주 정부가 매출 가운데 수입으로 확보하는 비율은 평균 32.4%에 불과하다.

| 표 3-2 | 1996회계연도 미국의 각 주별 복권 판매액 및 수익

주	판매액 (백만 달러)	수익률(%)	용도
애리조나	258.8	32	교통, 일반예산, 지역사회 지원, 경제개발, 문화재 관련 지원
캘리포니아	2,295.5	36	교육
콜로라도	331.4	29	공원, 휴양시설, 야생 동식물 보호, 광장 조성, 공공건물 건설
코네티컷	706.9	37	일반예산
델라웨어	188.5	38	일반예산
워싱턴시	214.5	37	일반예산
플로리다	2,117.1	39	교육시설 확충, 신탁기금
조지아	1,592	36	교육
아이다호	92.2	21	교육, 정부 건물 기금
일리노이	1,634.4	37	교육
인디애나	621.3	30	교육, 경찰 및 소방관 연금
아이오와	190.9	28	일반예산
캔자스	185.0	31	경제개발, 교도소
켄터키	537.7	28	일반예산
루이지애나	291.1	36	일반예산
메인	148.5	27	일반예산
메릴랜드	1,113.4	37	일반예산, 메릴랜드경기장 지원
매사추세츠	3,028.0	23	(시 및 읍) 공동 예산
미시간	1,437.8	39	교육
미네소타	375.7	25	환경 및 자연자원 기금, 일반예산

주	판매액 (백만 달러)	수익률(%)	용도
미주리	422.5	31	교육
몬태나	31.8	26	교육, 청소년 방가후 특활 센터
네브래스카	81.8	31	교육혁신기금, 환경신탁기금, 매립지공사 기금
뉴햄프셔	162.9	31	교육
뉴저지	1,587.8	41	교육, 정부기관
뉴멕시코	28.0	24	교육 (자본구조 개선 및 학비 지원)
뉴욕	3,610.6	41	교육
오하이오	2,379.5	30	교육
오리건	689.8	39	경제 개발, 교육
펜실베이니아	1,673.7	40	노인 사업
로드아일랜드	455.2	23	일반예산
사우스다코타	205.3	35	일반예산, 주도 건설 기금
텍사스	3,442.7	33	일반예산
버몬트	74.5	30	일반예산
버지니아	924.3	35	일반예산
워싱턴	389.9	33	일반예산
웨스트버지니아	210.3	31	교육, 노인, 공원 및 관광
위스콘신	482.1	32	재산세 감면
전체	34,213.4		

* 일부 주의 경우 수입의 극히 일부분을 도박 중독증 지원에 배정한다. 비율은 네브래스카주의 경우 1%이고 미네소타 주는 0.3%다.
자료: 피터 키팅, '복권으로 정부의 재정위기를 해결할 수 없다', 《합법적인 도박》(시카고: 오픈 커트 출판사, 1998), 99~111쪽; http://www.lafleurs.com/english/statistics/govt.htm (1998)

복권 수입이 주 정부 세입에서 차지하는 비중이 늘어나고 있기는 하지만, 여전히 적은 편이다. 1991년 복권의 주 정부 세입 기여도는 평균 2.02%였고,[43] 1995년에는 3.32%로 추정됐다.[44] 몇몇 주 정부는 복권사업의 효과를 거의 보지 못했다. 예컨대 복권으로 인한 몬태나 주의 세입 증가는 1995년에 0.9%에 그쳤다. 하지만 사우스다코타와 오리건 같은 주의 세입은 각각 8.6%와 7.2% 늘어날 정도로 복권이 상당한 효과를 냈다.[45]

주 정부의 복권사업은 교육예산에서도 차지하는 비중이 상대적으로 낮다. 1991년 복권 수입 전체를 교육에 투입한 주들의 경우 복권 수입은 전체 교육예산의 11.1%를 차지했다.[46] 각 지역별로 조성한 교육사업비까지 포함해 계산하면 이 비율은 3.8%에 불과하다.[47]

그래서 복권이 교육을 포함한 각종 지원대상 분야에 그다지 대단한 기여는 하지 못하고 있다는 지적이 나온다. 이는 복권을 통해 확보된 추가 교육예산만큼 주 의회가 교육에 배정하는 일반예산을 줄이기 때문이다. 예를 들어 1985년 뉴욕주에서 복권을 통해 확보한 자금이 예상보다 9500만 달러 늘어나자 일반예산에서 같은 액수만큼 삭감됐다.[48] 일리노이주도 복권으로 교육예산이 확보되자 기존의 교육예산을 삭감했다.

1989년 일리노이주 벨빌의 제임스 스미스 교육감은 일리노이주 교육예산의 실제 형편이 복권 때문에 더 나빠졌다고 비판했다. 복권 수입이 늘자 의회가 일반예산의 교육 분야 배정분을 줄였을 뿐 아니라 "복권 자금만으로도 학교가 굴러 간다"[49]고 생각한 지방 관리들이 학교의 채권 발행을 허가하지 않았기 때문이다. 1990년 캘리포니아의 공립학교 담당 빌 호니그 교육감은 "복권으로 학교에 5달러가 들어오면 정부는 4달러만큼 가져간다"[50]고 항의했다. 플로리다 주의 교육 로비스트인 마리오 바티스타는 이렇게 말했다.

이는 예산 사기놀음일 뿐이다. 유권자들은 교육이 진정으로 개선될 것이라고 믿고 복권에 찬성했는데, 정부는 그만큼의 교육예산을 삭감했다. 주 정부로는 더 많은 돈이 흘러들어가지만, 교육예산은 실제로 늘어나지 않았다.[51]

학계의 연구결과도 '사기놀음'이라는 설명을 뒷받침한다. 미시간, 뉴욕, 일리노이 등 3개 주 각각에 대한 연구는 공통적으로 복권 수입이 주 정부의 교육예산을 확충하는 게 아니라 대체하는 경향이 있음을 확인했다.[52] 게다가 토마스 H. 존스와 존 L. 아말피타노가 1994년에 진행한 국가 교육예산 및 지출에 관한 연구는 이런 결론을 내렸다.

복권은 초등 및 중등 교육에 수백만 달러를 기여했다. 이 점은 논란의 여지가 없다. 그러나 복권 수익은 다른 예산의 대용일 뿐이다. 교육예산 증대효과를 내지 못한다면, 복권은 교육에 전혀 기여하지 못하는 셈이다. 이는 교육정책에 중요한 의미를 갖는다. 복권이 미국 공립학교와 학교자금 상황을 실제로 개선시킬 것이라는 도박은 이미 실패했다.[53]

마지막으로 찰스 J. 스핀들러가 복권 수익 전액을 교육에 쓰는 7개

주를 대상으로 실시한 1997년의 연구를 보자. 그는 대부분의 주에서 복권 도입 초기 몇 년 동안은 교육예산 지출이 점차로 늘었으나, 그 이후엔 교육예산 지출이 갑작스럽게 감소했다는 사실을 밝혀냈다.[54] 그래서 전국적으로 복권 판매가 꾸준히 늘어 1988년 160억 달러에서 1997년에는 약 360억 달러로 증가했지만, 상대적으로 복권이 교육 개선에 기여한 바는 거의 없다는 것이다. 이런 실패의 원인을 검토하면서 스핀들러는 이렇게 썼다.

복권 수입을 교육에 배정한다 할지라도 주 의회가 복권 수입으로 일반예산의 교육 배정분을 대체하지 않는다는 보장이 없다. 이런 무책임함을 해결하는 것은 몇 가지 이유 때문에 어렵다. 첫째, 복권 시행 이후 일반예산에서 교육예산이 차지하는 비율을 일정하게 유지하려고 하는 정부는 하나도 없다. 둘째, 용도가 지정돼 있더라도 다른 주 정부 기관들은 예산을 좀 더 따내려고 싸운다. 끝으로 교육예산의 전모가 공개되지 않는다. 복권 수입이 일반예산 지출을 대체하는 상황에서도 복권을 교육예산 증액수단으로 팔 수 있다. 교육예산으로 지정된 복권 수입이 주 정부의 교육예산 지출 대체용으로 쓰이는 주에서는 복권이 주머니 돈을 빼내 쌈지로 옮겨 넣는 꼴이다.[55]

사실 복권은 궁극적으로 교육재정에 해를 끼친다. 몇몇 주에서 교육세와 교육용 채권 발행을 의회에서 통과시키려고 했으나, 복권이 도입된 이후 이 시도는 실패했다. 시민들이 교육예산이 이미 충분하다고 생각했기 때문이었다.[56] 게다가 다른 과세방법과 비교할 때 복권은 '변덕스런 재원'이다. 복권 매출은 변동이 심하다. 예컨대 1996년 9개 주와 워싱턴시의 복권 매출은 한해 전보다 감소했다.[57] 그 결과 학교 관리들은 복권을 통한 지원자금이 매년 어느 정도일지 예측할 수 없게 됐다.

복권 비판자들의 말을 빌리면 "정부가 복권을 안정적이고 믿을만한 새로운 세입원으로 여길 상황이 못 되는 게 명백하다. 복권 수입은 소비자들의 기호 변화에 의해 영향을 받는다."[58] 이런 불안정성의 문제에 대응해 주 정부들은 그들이 취할 수 있는 유일한 방법, 다시 말해 복권 상품을 공격적으로 판촉하는 행동을 취했다.

복권과 도박

복권에 대해 그 광고의 호소력, 오도 가능성, 범죄와의 관련성 등을 지적하는 사람도 있지만, 복권이 도박을 부추기고 도박 습관을 유발할 가능성이 있다는 점을 가장 걱정하는 사람도 있다.

복권에 새로 손을 대는 사람들 가운데 상당수는 젊은이들이다. 캘리포니아주 남부지역 고등학생들에 대한 한 연구는 1985년 주 정부 복권이 등장한 이후 어떤 형태로든 도박을 하는 학생들의 비중이 40%나 상승했음을 확인했다.[59] 1990년 미네소타대학의 청소년 약물 남용센터 소장이 실시한 연구는 "도박이 약물중독을 밀어내고 10대들에서 가장 흔하게 발견되는 문제가 됐다"[60]고 지적했다. 미네소타 주의 10대 1094명을 표본 조사한 결과 90%는 적어도 한번 이상 도박을 한 것으로 나타났고, 20%는 도박 중독 증세의 위험성이 있는 것으로 분류됐으며, 6%는 고질적인 상습 도박꾼인 것으로 나타났다. 이 고질적인 상습 도박꾼들 가운데 72%는 마약을 정기적으로 사용하는 것으로 조사돼, 보통 젊은이의 정기적인 마약복용 비율 31%에 비해 월등히 높다는 점도 밝혀졌다.[61]

미네소타대학의 연구가 젊은이들의 도박 일반에 대해 검토한 반면, 하버드 의대가 최근 실시한 연구는 매사추세츠주 학생들의 복권 구입 실태에 초점을 맞췄다.[62]

97개 공립학교에서 2127명의 표본을 추출해 조사한 결과, 5학년 학생의 47%가 적어도 한번 이상 복권을 샀으며 학년이 높아질수록 구입자 비율이 높은 것으로 나타났다. 고등학생의 경우 75%가 복권을 산 경험이 있었다. 연소자가 복권을 사는 것은 불법임에도 불구하고, 최근 30일 동안 몰래 복권을 산 적이 한번이라도 있다고 응답한 학생의 비율은 중학교 1학년의 경우 23%, 고등학생의 경우 33%에 달했다. 연구자들은 이렇게 지적했다.

17살 미만인 매사추세츠주 젊은이들 가운데 7.5%가 적어도 일주일에 한 번씩 복권을 사며, 2.7%는 지난 한달 동안 20장 이상의 복권을 산 것으로 나타났다.[63]

연구 담당자들은 이렇게 경고했다.

복권과 기타 합법적인 도박을 접할 수 있는 통로가 널려있고 도박에 접하
는 것이 ① 암묵적으로 정당화되고 (즉 금지 규정도 없고 관련 교육프로그
램도 없는 상태) ② 명백하게 권장되는 (즉 정부의 지원을 받는 광고와 복
권 판촉 쿠폰이 집으로 배달되는) 상황을 미루어볼 때 젊은이들 사이에서
도박이 계속 늘어날 것이라는 예상은 너무나 당연하다.[64]

심리치료사로 복권 중독증을 다루는 린다 버먼과 매리엘런 시겔은,
정부가 복권을 판매하고 사람들이 도박을 쉽게 접할 수 있는 상황이
도박에 지나치게 빠지는 사람 수를 늘리는 데 기여하고 있다고 주장
했다. 이들은 "1991년에 도박 중독 증세를 보인 사람들의 숫자가
1975년에 비해 4배로 늘었으며 이 수치는 계속 증가하고 있다"[65]고 지
적했다.

'국립 복권 중독증 자문위원회'의 아놀드 웩슬러는 주 정부 복권으
로 인해 "도박꾼 사회가 조성되고 있으며 도박꾼의 일부는 도박 중독
증 환자가 되어가고 있다"[66]고 비판했다. 미국의 도박 인구는 현재 1
억 1100만 명으로 추산되며 도박중독 증세를 보이는 이들은 500만 명
에 달하는 것으로 분석된다.[67]

영국도 상황이 비슷하다. 국영 복권이 도입된 지 1년 뒤 리버풀 지
역 출신의 데이비드 앨턴 의원은 "복권이 시작된 이후 도박과 관련된
익명의 전화상담 건수가 17.5%나 늘었다"[68]고 밝혔다. 1998년의 한

조사는 영국 어린이의 5%가 도박중독 증상을 보인다는 사실을 밝혀
냈다. 고질적인 상습 도박꾼의 12%는 즉석복권을 사기 위해 집에서
돈을 훔쳤고, 15%는 점심이나 저녁 식사비로 복권을 샀다.[69]

복권과 도박 중독증의 상관관계에 대한 계량적인 연구는 아직 없지
만, 복권의 중독효과에 대한 사례는 널려있다. 예를 들면 첫 장에서
언급했던 톰과 필로미너 드레이크가 1만 4000달러의 예금을 도박으
로 날린 사례를 비롯해 매주 5000달러씩 복권을 사기 위해 50만 달러
를 횡령한 플로리다의 기업 간부 리처드 클레리, 자신의 저축으로 1
달러짜리 복권 6000장을 산 뒤 자살을 기도한 19살짜리 젊은이 등이
이런 경우다.

복권의 잠재적 중독효과를 우려한 네브래스카, 뉴욕, 아이오와 등
몇몇 주 정부들은 복권 수입의 일부를 도박 중독증 환자 지원비로 배
정하고 있다. 아이오와주는 치료소 지원을 위한 기금을 설립했다. 하
지만 이런 사업은 도박꾼들의 문제점을 각 개인의 '장애'로 취급함으
로써 문제를 개인 차원으로 돌리는 것이다. 주 정부의 복권사업 자체
와 복권 판촉에 수백만 달러를 쏟아 붓는 것은 너그럽게 받아들여진
다. 주 정부가 사람들을 복권으로 떠밀고 있다는[70] 비판이 터져 나오
는데도 대부분의 다른 주들은 복권의 광범한 판촉이 일으키는 잠재적
또는 현실적 문제들에 거의 개의치 않는다. 〈뉴욕타임스〉의 칼럼니스
트인 윌리엄 서파이어는 이렇게 지적했다.

부도덕한 수단은 결코 도덕적인 목적으로 이어지지 않는다. 이제 우리는

범죄적인 행동에서 이익을 뽑아먹는 데 그치고 있지 않다. 우리는 정부의 전 역량을 도덕적 부패를 재촉하는 데 집어넣고 있다. 정부가 시민의 약점을 공략하는 것은 잘못이다.[71]

정부 복권이 역진성을 띨 뿐만 아니라 젊은층을 대상으로 도박까지 부추긴다는 문제점은, 과연 정부 복권을 유지하는 게 올바른 것인지에 대해 심각한 의문을 갖게 한다. 정부 복권의 확산이 어떤 특수한 이해관계에 기여하는 것은 아닌지 여부, 또는 어떤 특수한 이해관계가 주 정부와 일반 대중에 영향을 끼쳐 복권을 도입하게 만들었는지 여부도 검토해야 할 문제다.

대부분의 사람들이 주 정부 복권에 찬성한다고 해도, 복권의 도입이 풀뿌리 대중조직들에 의해 이뤄진 것은 아니다. 복권에 대한 찬반을 묻는 주민투표의 대부분은 주 의회와 복권 관련 업계가 요구한 것들이다. 의원들은 전통적인 방식의 세금을 늘리는 대신 새로운 세원을 확보하려고 하고, 복권업계는 이익을 추구한다.

1980년대 중반 복권 관련 상품 공급업체인 사이언티픽 게임스는 복권을 도입하지 않은 주 관리들을 대상으로 복권을 옹호하는 내용의 광고전을 펼쳤다. 이 광고는 "당신네 주는 32억 달러 가운데 자신의 몫을 놓치고 있지 않습니까?"[72]라는 제목 아래 이런 내용을 담았다. "사이언티픽 게임스는 주 정부 관리들에게 구체적인 정보와 수입 예상치, 전문가들의 증언, 복권 시행을 위한 표준 입법안을 기꺼이 제공할 것입니다."[73] 이 회사가 복권 시행 여부를 묻는 주민투표를 실시하도록 하기 위한 로비와, 대중을 상대로 한 홍보에 쏟아 부은 돈은 캘리포니아주에서만 200만 달러에 이른다. 복권 시행이 58%의 찬성으로 통과되자 이 회사는 2000만 달러어치의 복권 공급 계약을 따냈다.[74]

복권업계는 '교육 개선을 위한 캘리포니아인 모임' '경제회복을 위한 시민 모임' '세금감면을 위한 애리조나인 모임' 등 복권 도입을 주장하는 압력단체들에 자금을 지원했다. 사이언티픽 게임스의 대니얼 바우어 사장은 "주 정부 복권사업의 도입이 우리의 성장에 아주 중요하기 때문에 우리는 이와 관련된 모든 시도를 적극적으로 지원한다"[75]고 말했다. 복권업계는 2000년까지 47개 주에 복권을 도입하는 것을 목표로 했다.[76]

복권 판매로 이익을 볼 것으로 기대한 소매상 업계도 복권 옹호세력들에게 상당한 자금을 지원했다. 세븐일레븐 편의점을 소유하고 있는 사우스랜드 코퍼레이션도 이런 방향에서 활발하게 움직이는 업체들 가운데 하나다.

주 정부 복권은 복권 관련 활동을 제한하는 연방 정부의 법률을 변경하거나 폐지하는 움직임까지 만들어냈다. 북미 지역의 주 정부 복권업계 전체를 대변하는 '북미 주 및 지방 복권 협회'는 주요 활동 목표 가운데 하나를 이렇게 설정하고 있다.

주 정부 및 지방 정부의 복권 관련 권한이 제대로 행사되도록 하고, 이 권한이 효율적인 방법으로 대중의 이익에 봉사하는 것을 불필요하게 제한하는 연방 법률을 개정하려는 시도를 조율한다.[77]

국가로서의 주 정부

주 정부 복권을 공공정책 차원에서 검토한 결과는 복권이 역진적 과세 제도이고, 사기와 관련이 있으며, 문제가 있는 사회적 행위를 촉진하는 것으로 나타났다. 많은 이들이 주장하듯 복권이 공공의 이익을 위한 것이 아니라면 왜 37개 주 정부와 워싱턴시 특별구가 복권을 도입하고 그토록 공격적으로 복권 판촉에 나서는 것일까? 이 질문에 답하려면 국가라는 좀더 일반적인 개념에서 주 정부의 행동을 바라볼 필요가 있다.

사회학자 막스 베버에 따르면, 국가는 사회 속에서 최고의 권한을 지닌 사회기구이며 "일정한 영토 안에서 합법적인 권력 사용의 독점권"[78]을 주장하는 기구다. 국가의 권력은 관료제를 통해 조직화되고 정부 관리들에 의해 실현된다. 폭넓게 개념화하자면 근대 국가는 입법기구와 행정 및 사법기구, 군대, 경찰 등으로 구성된다.

철학자와 저술가들은 올바르고 바람직한 국가의 행동이 무엇인지에 대한 각자 나름의 관점을 밝혀왔다. 17세기의 영국 철학자 존 로크는 국가 권력이란 본질적으로 공적으로 위임된 것이며, 그것은 공공선을 위해서만 사용돼야 한다고 믿었다. 18세기에 장 자크 루소는 국가를 통해 관철되는 도덕적 규제를 통해서만 진정한 자유를 달성할 수 있다는 견해를 피력했다. 도덕적 행동을 진전시키고 공공선을 장려하는 것이 정부의 기능이라는 이런 견해들은 19세기 말과 20세기 초에 저작활동을 한 저명한 사회학자 에밀 뒤르켐의 견해와도 통한다. 뒤르켐은 근대사회가 도덕적 응집의 결여 때문에 해체되고 혼란에 빠질 가능성을 크게 걱정했다. 사회학자 앤서니 기든스의 말을 빌려 표현하면 뒤르켐은 이렇게 믿었다.

> 근대가 직면하고 있는 특징적인 문제는 전통적인 사회의 해체로 확보된 개인의 자유를 사회의 직접적인 존립근거가 되는 도덕적 통제 문제와 조화시키는 것이다. 국가는 경제적 구실뿐 아니라 도덕적 구실도 해야 하며, 근대 세계의 병증 완화는 일반적으로 경제적이라기보다는 도덕적인 조처를 통해 이뤄져야 한다.[79]

19세기의 저술가 알렉시스 드 토크빌은 '열심히 일해서 성공을 일구는 것' 은 국가가 장려해야 할 도덕적 가치들 가운데 하나라고 믿었다. 그는 자신의 유명한 저술 《미국의 민주주의》에서 정부는 다음과 같이 해야 한다고 주장했다.

> 부와 명성과 권력은 노동의 대가라고 공동체에 매일 현실적으로 가르쳐야 한다. 또 큰 성공은 오랜 열망의 범위에서 가장 끝의 가장자리에 놓여 있으며, 애써서 얻은 것을 뺀 그 어떤 것도 오래 지속되지 못한다는 점도 가르쳐야 한다.[80]

정부가 행해야 할 도덕적 선에 대해 이런 견해들이 제시됐음에도 불구하고, 실제로는 정부가 이와 전혀 다른 구실을 하고 있다고 많은 사람들은 보고 있다.

그렇다면 정부는 왜?

대부분의 사람들이 받는 국가에 관한 교육은 "법안이 어떻게 실제 법이 되는지" 등 국가 체제의 공식적인 기구들에 대한 것들이다. 정치적 구조와 의사결정의 밑바탕에 깔리는 경제학과 권력에 대해 교육을 받는 경우는 드물다. 국가에 대한 비판적인 검토는 이런 요소들에 집중된다.

칼 마르크스는 1846년 "국가는 지배계급에 속하는 개인들이 그들의 공통 이익을 옹호하는 기구"[81]라고 주장했다. 마르크스는 국가를 부를 장악한 이들의 이익에 봉사하는 법과 가치를 내세우고 퍼뜨리는 상부구조의 한 강력한 구성요소로 봤다. 프리드리히 엥겔스는 1884년에 이런 마르크스의 견해를 되풀이하면서, 국가는 지배계급이 잉여 자산의 독점을 촉진하고 보호하기 위한 구조적 수단으로 만들어진 것이라고 주장했다. 엥겔스는 평등한 체제가 무너지면서 소수가 다수를 착취하기 위한 새로운 형태의 기구가 필요하게 됐다고 지적하면서 이렇게 주장했다.

공산주의적인 전통에 반해서 개인이 새롭게 획득한 부에 봉사하는 데 그치는 기구가 아니라, 과거에는 높이 치지 않던 사유재산을 신성화하고 이

신성화가 모든 인간 사회 최고의 목표라고 선언하기만 하는 기구가 아니라, 재산을 획득하고 점점 더 빠른 속도로 부를 축적하는 새로운 방법들에 대한 보편적인 사회적 인정을 보증하는 기구, 사회가 날로 점점 더 계급으로 분리되는 추세를 지속시킬 뿐만 아니라 유산자의 무산자 착취 권리와 유산자의 무산자 지배를 영속화하는 기구.

그런데 이런 기구가 등장했다. 국가가 창조된 것이다.[82]

이런 관점에서 보면 국가의 주된 목적은 억압의 체제와 이런 체제의 결과인 부의 불공평한 분배를 유지하는 것이 된다. 베버가 지적했듯이, 국가는 권력의 합법적 독점사용권을 쥐고 있다. 마르크스주의자들은 여기에 지배계급의 이익을 위협하는 사람들에 대해 그런 권력이 자주 사용된다는 말을 덧붙일 것이다. 미국에서 이런 식으로 권력이 사용된 역사적 예는 수도 없이 많다.[83]

지배계급의 이익을 보호하고 신장시키기 위해 정부가 사용하는 것은 권력만이 아니다. 사회 구성원들을 통제하기 위해 지속적으로 대규모 폭력을 사용하는 것은 시간 소모적이며 비용이 많이 들뿐더러 음모와 반역을 부를지도 모른다. 이렇게 하는 대신 지배계급은 자신들을 정당화하는 이념을 퍼뜨림으로써 그들의 권력과 특권을 대중이 수용하도록 할 수 있다. 말하자면 지배계급의 이익은 대중의 이익과 같으며 실제로 대중의 이익을 촉진하는 것으로 받아들여져야 한다는 것이다. 1844년 저작에서 마르크스는 지배계급은 다음과 같이 할 것이라고 지적했다.

자신들이 사회 전반과 연결돼 섞이고 동질화되며 사회를 대표하는 것으로
인식되는 열광의 계기를 그들 자신은 물론 대중에게도 만들어낼 것이다.[84]

마르크스와 엥겔스는 대부분의 경우 지배계급은 그들 자신의 관점
을 퍼뜨리는 데 성공한다고 믿고 이렇게 썼다.

어느 시대나 지배계급의 이념은 지배이념이다. 다시 말하면 사회를 지배
하는 물질적 세력인 계급은 동시에 지배적인 지적 세력이다. … 그러므로
그들이 계급으로서 지배하고 시대의 범위와 한계를 결정하는 한 그들이
지배를 전면적으로 관철하며, 그래서 다른 무엇보다 사상가로서 그리고
이념의 생산자로서 지배하며, 이념과 그 이념의 시대를 만들고 퍼뜨리는
과정을 통제한다는 것은 자명하다. 따라서 그들의 이념이 시대를 지배하
는 이념인 것이다.[85]

이런 관점에서 보면, 국가는 지배계급의 이념을 퍼뜨리는 핵심적인
기구이며, 따라서 그들의 이익을 증진하는 핵심이기도 하다. 하지만
효율적인 국가라면 자신의 행위들이 공공의 이익을 반영하는 것처럼
포장하는 기교를 발휘해야 한다.

현재의 이념적 세력관계에 비추면 국가, 특히 미국을 이런 식으로
분석하는 것은 더 이상 적절하지 않다고 주장하고 싶은 사람이 많을
것이다. 이렇게 주장하는 사람들의 관점에서 보면 현대의 국가는 이
제 본질적으로 민주적이며, 과거와 같이 엘리트가 지배하는 형태는

현존하는 절차와 법, 정책에서 대부분 제거됐다. 정치과학자 로버트 A. 달 같은 저술가들은 현대 미국에서 정치권력은 다양한 이해집단들이 나눠 갖고 있으며, 어느 한 강력한 집단이 국가 정책에 실질적인 영향력을 행사하지 않는다고 주장한다.[86]

그러나 20세기 마르크스주의 이론가들은 일반적으로 다원주의로 불리는 이런 관점은 부유하고 힘 있는 사람들이 여전히 국가에 대해 행사하는 영향력을 모호하게 가린다고 주장한다. 신 마르크스주의자들 사이에는 국가에 대한 통제가 어떻게 이뤄지는지에 대한 두 가지 관점이 있다. 일부 마르크스주의자들은 국가란 경제적 지배계급이 사회제도에 대한 매일 매일의 통제권을 유지하기 위해 사용하는 도구라고 규정한다. 예컨대 사회학자 G. 윌리엄 돔호프는 힘 있는 기업들과 정부에서 상류계급 출신 구성원들이 과도한 비중을 차지하고 있음을 증명하면서 이렇게 썼다.

큰 수익을 창출하는 재산의 소유자와 그 고위 관리자들은 단연코 미국 내에서 지배적인 인물들이다. 그들의 기업과 은행, 농업 사업은 워싱턴 연방 정부를 지배하는 기업공동체를 이루고 있다.[87]

신 마르크스주의 학자인 랄프 밀리밴드는 경제적으로 힘 있는 이들이 국가에 대해 행사할 수 있는, 강력하지만 종종 식별하기 힘든 영향력을 지적해 낸다.[88] 밀리밴드는 20세기 자본주의를 특징짓는 경제력의 엄청난 집중화와, 경제 엘리트 집단의 주요 경제부문 통제 체제를 아주 잘 인식하고 있다. 그는 경제적 지배계급은 외형적으로는 소수에 의한 지배를 억제할 목적으로 만들어진 민주적 기구를 이용해 오히려 자신들의 이익을 계속 관철한다고 지적한다. 밀리밴드는 이런 영향력이 다양한 방법으로 행사된다고 생각한다. 먼저 시민들은 자본주의 사회의 가치와 조직을 수용하도록 교육받는다. 미국인들은 자본주의가 애국심과 어느 정도는 동의어라고 교육받는다. 밀리밴드는 미국의 교육제도를 세뇌라고 쉽사리 낙인찍을 수는 없지만, 교육자들이 사회정치적 지배질서가 강력히 옹호하는 정보들을 전달하는 걸 회피하기는 아주 어렵다고 지적한다. 자본주의를 비판하는 것은 '빨갱이'가 되는 것이며 이는 '미국식 생활방식'에 위협이 된다는 교육이 이뤄지는 것이다.

사람들이 자유롭게 서로 반대되는 관점이나 이념을 제시할 수 있는 나라에서 사상 주입이란 있을 수 없다고 주장하면서 반박하는 사람들도 있을 것이다. 하지만 밀리밴드는 이렇게 지적한다.

> 사상 주입이 나타나기 위해 반드시 전제적인 통제와 반대 주장에 대한 금지가 있어야 하는 것은 아니다. 이념 경쟁이 불공정해서 어느 한쪽이 상대쪽을 무너뜨릴 수 있는 우위에 있기만 하면 사상 주입이 가능해진다.[89]

밀리밴드는 한 걸음 더 나아가 자본주의 사회에서 어떤 정당들은 "기업인 계층 또는 지배계급 전반이 선호하고 선택한 수단 또는 도구"[90]라고 주장한다. 이런 정당의 당원들은 다양한 계층과 성향의 사람들일 수 있지만, 그 지도층은 주로 상류 및 중류 계급 출신으로 구성된다. 이런 정당들은 특히 자본주의 사회의 민주주의에서 무시할 수 없는 요소인 금융적 지원을 제공하는 지배계급이 걱정하는 문제에 주로 관심을 기울인다. 밀리밴드는 이런 보수적인 정당들은 교회로부터 직접 또는 간접적으로 상당한 지원금을 받는 경향이 있으며, 강력한 국가주의 정서에 의해서도 뒷받침된다고 지적했다. 밀리밴드는 국가주의적 정서를 악용하는 데 대해 이렇게 썼다.

> 보수적인 정당들은, 보수적으로 규정된 국가주의적 관점과 국가의 이익을 선전하는 데 나름대로 관여하는 수많은 시민사회 기관들의 강력한 지원을 받는다.[91]

밀리밴드는 여기서 그치지 않는다. 거대 기업들은 정당들을 강력히 통제하고 국가의 이익을 자신들 편의대로 규정하기만 하는 것이 아니라 "모든 언론매체를 통한 수없이 많은 표현의 기회들"[92]을 이용해 직접적으로 그들 자신의 정서와 가치, 목표를 대중에 홍보할 자원도 확보해 놓고 있다고 그는 지적한다. 밀리밴드는 자본주의 사회에서 대중매체는 "지배체제의 자기표현인 동시에 그것을 강화하는 도구"[93]라고 비판한다. 언론의 불편부당함과 객관성은 대부분 환상일 뿐이며, 대중매체에서 홍수처럼 쏟아져 나오는 정보들은 기존 질서를 옹호한다. 왜냐하면 경제적인 지배계급은 언론매체를 직접 소유하거나 광고 게재를 통해 언론을 실질적으로 통제하기 때문이다. 그래서 밀리밴드는 경제적인 지배계급의 손아귀에 들어있는 강력한 경제사회적 힘은 지배계급으로 하여금 "사회와 정치 체제, 그리고 정부의 정책과 행정적 결정에서 막강한 우위"[94]를 유지할 수 있게 한다고 결론 맺고 있다. 그는 다음과 같은 사실을 확인했다.

> 국가는 우선적으로 그리고 불가피하게, 국가를 지배하는 이들의 경제적 이익의 수호자이자 보호자다. 국가의 '진짜' 목적과 임무는 그들의 지배를 막는 것이 아니라 그들의 지배가 지속되도록 하는 것이다.[95]

국가를 '계급의식을 지닌 지배계급의 도구'로 보는 학자들도 있지만, '사유재산과 자본주의를 지지하는, 상대적으로 자율적인 구조'로 묘사하는 학자들도 있다. 이런 학자들에 따르면 국가는 사회를 좀더 공평하게 만들려는 대중의 민주화 시도로부터 지배계급의 이익을 분리하고 유지하기 위해 고안됐고, 이런 목적에 맞춰 구조화됐다는 것이다.[96] 이런 관점에서 보면 자본주의 사회의 국가, 특히 미국은 더 이상 단순히 지배계급의 통제 메커니즘이 아니라, 자본주의의 보호와 유지에 핵심적인 구실을 하는 조직으로 변모했다는 것이다. 구조주의자들은 국가를 '경제적으로 힘이 있는 상대적 소수의 통제기구'로 보지 않는다. 대신 그들은 애초부터 국가란 전체 자본주의 질서의 이익을 위해 경제를 규제하는 동시에 강력한 지배 엘리트층 내부의 분쟁을 통제할 수 있도록 설계된 것이라고 본다.

제임스 오코너는 이런 구조주의적 시각의 한 가지 관점을 제시했다.[97] 그에 따르면 근대 자본주의 국가는 두 가지 기본적인 기능, 곧 자본 축적과 체제 합법화의 기능을 맡는다. 국가는 사적 자본의 축적에 이바지할 조건들을 창출하고 유지하는 동시에, 계급사회를 합법화하고 평화를 유지한다는 것이다. 국가의 정책과 예산지출 중 어떤 것들은 이익을 창출하기 위한 생산성을 유지하고 증대시키려는 것이며, 다른 어떤 것들은 반대세력을 약화시키고 사회적 조화를 촉진하기 위한 것이다.

하지만 오코너는 서로 모순되는 이 두 가지 목표, 곧 이익을 가져다주는 자본과 사회적 조화를 동시에 창출해내는 것은 근본적으로 양립할 수 없고, 그래서 위기가 발생한다고 주장한다. 이는 정확한 지적이다. 왜냐하면 국가는 지속적으로 이익을 창출할 수 있는 자본 축적에 필요한 비용을 전 국민들에게 부담시키지만, 그 과정에서 이익을 얻는 상대적 소수는 과세에 저항함으로써 날로 늘어나는 공공사업과 서비스 제공에 필요한 재원 확보를 제약하기 때문이다.

이처럼 국가에 대한 이론적 설명을 간단히 살펴본 것은, 앞서 제기한 질문에 답하는 데 도움을 얻기 위한 것이다. 왜 정부는 대중에 해를 끼치고 공평하지도 않은 복권사업을 20세기 후반에 다시 도입했는가? 개별 정치인이 아닌 국가의 번지르르한 대중적 이미지를 정치, 경제, 사회사적 관점에서 따져보면 그 표면적인 번지르르함은 금방 퇴색하고 만다. 자본주의 사회에서 국가의 기능에 대한 비판적인 해석은 곧 진실과 통한다. 특히 가난하고 천대받는 사람들의 삶과 역사를 생각해보면 더욱 그렇다.[98]

경제적인 힘이 주 정부 복권사업의 재등장에 상당한 작용을 했지만 국가는 자기 몫을 챙겼으며 또 그것을 정당화했다. 이런 정책을 가장 잘 이해하려면 정부의 성향을 종합적으로 봐야 한다. 부를 보호하고, 대중에게 경제적 격차를 수용하도록 하고, "아이들을 위한 좋은 학교를 지원하자"라는 차원에서 복권을 장려한 것이 아니라, 20세기 말에 발생한 공공예산 위기에 대응하기 위해 복권을 도입했다는 점 등을 종합적으로 봐야 하는 것이다. 비판이론은 정부가 왜, 그리고 어떻게 20세기 말 자본주의의 공공예산 위기를 심화시키고, 그래서 복권 광풍을 불러일으켰는지를 설명하는 데도 도움을 준다.

다음은 연방 정부와 주 정부가 복권이 필요하게 된 상황에 어떤 기여를 했으며, 복권을 실제로 다시 시작하는 데 어떻게 기여했는지를 따져볼 것이다.

국가, 자본가와 자본주의의 수호자

앞 장에서도 언급했듯이 1950년대와 1960년대의 경제 호황기에도 미국에는 부와 소득의 극심한 격차가 존재했지만, 복권이 주 정부들 사이에 널리 퍼지게 만든 경제적 문제는 1970년대부터 자라났다. 경제적 집중 현상은 지속됐고, 기업은 생산수단의 강력한 구성요소로 떠올랐다. 이와 동시에 기업은 경제적 지배계급이 통제력을 유지하고 행사하는 데 주요한 도구가 됐다. 1972년에 미국 인구 가운데 가장 부유한 1%는 전체 민간기업 주식의 56.5%를 보유하고 있었고, 특히 최상위 0.5%의 소유 지분은 49.3%에 달했다.[99]

20세기 중반에 이미 경제적인 지배계급과 거대 기업의 이해는 하나로 합쳐져 있었다. 그러니 날로 심해진 국제적 경쟁과 에너지 가격 상승이 미국 기업들을 위협했을 때 연방정부가 기업 지원, 다시 말해 경제적 지배계급의 이익을 옹호하는 행동에 나선 것은 놀라울 게 없다. 하지만 이렇게 함으로써 정부는 탈공업화와 기업의 해외이전을 재촉한 꼴이 됐고, 재정위기를 야기해 1970년대와 1980년대에 주 정부 차원의 복권사업 열풍을 불러오는 데 한몫을 했다.

연방 정부의 많은 행정활동과 정책들은 경제적으로 힘 있는 세력의 이익을 촉진한 반면, 대중에게는 직간접적으로 해를 끼쳤다. 그 한 가지 예로 들 수 있는 것은 1970년대 말의 석유위기 때 정부가 국내 석유생산을 늘리려고 시도한 점이다. 중동 산유국들이 석유가격을 통제하기 위해 뭉치자 미국 석유기업들은 새로운 석유자원 개발비용 확충을 위해 정부를 대상으로 가격통제 폐지를 위한 로비활동을 펼쳤다. 그런데 석유기업들은 석유가격 통제를 없애자고 주장하는 동시에 다른 한편으로는 막대한 자본을 에너지 산업과 관련이 없는 다른 사업을 인수하는 데 쏟아 붓는 모순된 행태를 보였다. 이 시기에 스탠더드 오일은 잉여자본을 미국 유수의 구리 생산업체인 케너코트 코퍼레이션을 인수하는 데 투입했다. 엑손은 미국 3위의 전기모터 생산업체인 릴라이언스 일렉트릭 컴퍼니를 인수하면서, 릴라이언스의 기존 주주들에게 당시 주식시장 시세의 200%를 넘는 비용을 지불했다.[100] 모빌은 코노코를 인수하기 위한 경쟁에서 듀폰과 시그램에 밀렸지만, 대신 우편 주문판매 전문 유통업체인 몽고메리 워드를 인수했다. 석유 기업들이 잉여자본을 이런 식으로 썼음에도 카터 대통령은 1979년 석유가격 통제를 중단했다.

기업이 부채의 이자를 지급하는 데 대해 사실상 무제한적으로 세금 감면을 해주었던 것은 기업들에 대한 또 다른 특혜였다. 이런 특혜는 고수익 투기채인 정크본드의 활용을 촉발했고, 그 결과 정크본드가 기업 인수합병 용도로 널리 쓰이게 됐다. 1986년 단 한해에만 전체적으로 1900억 달러에 이르는 4000건 이상의 기업 인수합병 거래가 성사됐다.[101] 많은 경우 기업들은 단지 되팔기 위해 다른 기업의 자산을 인수했다. 이런 거래는 기업 소유주와 투자자, 경영자들에게는 아주 높은 수익성을 안겨주었지만, 공장 폐쇄와 일자리 감소로 이어지곤 했다.

기업 부채의 이자 지급액에 대한 무제한적인 세금감면 혜택을 폐지하라는 압력이 의회에 가해지자 힘 있는 금융가들이 '자본 접근을 위한 연합'이라는 단체를 구성했다. 이 단체의 유일한 목표는 정크본드에 대한 정부의 규제를 막는 것이었다. 이 단체는 1985년부터 1990년까지 로비자금으로 490만 달러를 쏟아 부어서[102] 지급이자에 대한 세금감면을 없애는 입법을 저지하는 데 성공했다. 이 단체의 로비자금은 의원과 의원 보좌관들에게 식사대접, 연회, 화환, 선물, 리무진 차편 등을 제공하는 데 쓰였다.

연방 정부의 정책은 한편으로는 기업 인수합병을 장려함으로써 경제적 집중을 더욱 심화시켰고, 다른 한편으로는 해외투자에 대해 세제 및 관세 혜택을 줌으로써 기업들이 비용이 적게 드는 외국으로 공장을 옮기도록 부추겼다. 배리 블루스톤과 베닛 해리슨은 연방 정부의 정책이 곧바로 기업들로 하여금 투자처를 해외로 옮기도록 한 직접적인 원인은 아니었다고 전제하면서도 이렇게 지적했다.

> 정부의 정책은 기업의 의사결정을 더 재촉했다. 기업의 의사결정은 시장과 노동비용, 정치적 안정 등 더 중요한 요소들의 영향을 주로 받기는 했지만 정부 정책 또한 사소한 부분이 아니었다. 해외에 투자하는 기업 경영진은 국세청으로부터 뜻밖의 세금 혜택을 받을 수 있었기 때문이다. 예를 들어 미국의 세금 규정은 기업이 외국에서 낸 소득세만큼 내국세 부담을 감면해주도록 개정됐다. 이 규정을 활용하면 다른 어떤 경우보다 월등히 큰 세금감면 효과를 얻을 수 있다. 다른 비용에 대한 세금감면은 세액감면이 아니라 과세 대상이 되는 '최종 결산치'에서 비용을 빼주는 방식이었기 때문이다.[103]

게다가 또 다른 해외투자 촉진책이 있었다. 그것은 미국 기업들이 외국에서 발생한 이익을 본국으로 송금할 때까지 그 이익에 대한 세금 납부를 유예해주는 정책이었다. 많은 경우 기업들은 이 정책을 활용해 이익의 본국 송금을 무한정 늦출 수 있었다.[104]

이런 세금 혜택에 더해 해외투자를 직접 보조하는 연방 프로그램들도 새로 생겨났다. 그 가운데 하나로 미국 수출입은행은 이렇게 했다.

다우케미컬, 포드, 알코어, 굿이어, B. F. 굿리치, 암코철강, 카이저, 레이
놀스, 유니온카바이드가 4억 1000만 달러어치의 미국 내 공장 설비를 제3
세계의 지사로 이전하는 것을 지원하는 데 납세자들이 낸 돈 3억 1000만
달러를 썼다.[105]

미국의 관세부과 방식도 기업들의 해외투자를 유인했다. 기업들은
컴퓨터 칩, 자동차, 항공기 부품, 직물, 의류, 텔레비전, 라디오 등 수
많은 제품들의 기초부품을 미국에서 생산한 뒤 제3세계 공장으로 보
내 조립한 다음 다시 판매를 위해 미국으로 들여올 수 있었다. 관세는
최종단계 제품의 시장가치에 따라 부과되는 것이 아니라 제3세계 조
립공정에서 발생한 부가가치에 대해서만 부과됐다. 이런 관세정책은
이른바 '공장 도피' 현상을 부추기고, 미국과 멕시코 사이 국경 인근
에 멕시코 정부가 세운 무관세 지대에 조립공장을 세우는 것을 유행
시켰다.

노스아메리카 록웰, 버로스, 제너럴 인스트루먼트, 지티이(GTE) 실
베이니어, 알씨에이, 리바이스, 퓨리턴 앤드 카이저로스, 모토롤라,
휴스 에어크래프트, 제너럴 모터스, 크라이슬러 등 수많은 기업들이
공장을 멕시코로 옮기거나 멕시코에 새 공장을 세웠다.[106] 이들 미국
기업들은 대부분이 여성인 멕시코 노동자들에게 싼 임금을 지급하면
서 조립 일을 맡겼고, 이렇게 생산된 제품을 다시 미국으로 들여오면
서 값싼 멕시코 임금에 해당하는 관세만 냈다.

또 다른 예로, 푸에르토리코에 자회사를 세운 기업들에게 세금 혜

택을 주는 내용으로 1976년에 개정된 세금 규정이 있다. 이 규정에 따라 미국 기업은 법인세를 내지 않고 푸에르토리코의 자회사에서 발생한 이익을 고스란히 챙길 수 있게 됐다. 기업 입장은 푸에르토리코 노동자들에게 저임으로 일을 시키면서 세금도 내지 않음으로써 이익을 이중으로 챙길 수 있었다. 그러는 동안 미국 내 노동자들은 일자리를 잃었고, 주 정부와 지방 정부들은 세수가 줄어드는 피해를 입었다.

아메리칸 홈프러덕츠에서 일하던 조지 스켈턴은 회사가 공장을 인디애나주 엘카트에서 푸에르토리코로 옮기는 과정에서 일자리를 잃었다. 그의 사례는 탐사보도 전문 언론인으로 퓰리처상을 받은 도널드 L. 바릿과 제임스 B. 스틸이 1992년에 함께 쓴 책 《미국: 무엇이 잘못됐나?》에 나와 있다. 두 기자는 이렇게 썼다.

조지 스켈턴을 비롯한 엘카트 노동자들의 실직은 아메리칸 홈프러덕츠로서는 이익이었다. 월가의 투자기업인 스미스바니 해리스 업햄이 1990년 4월 이 회사의 세금 혜택에 대해 제시한 설명을 들어보자. "1985년, 아메리칸 홈프러덕츠는 푸에르토리코에 세금회피 성격의 제조공장을 설립했다. 그 결과 이 회사가 부담해야 할 법인세율은 1983년부터 1988년까지 5년 동안 13.9%포인트나 낮아졌다." 52살인 스켈턴은 이렇게 말한다. "내가 아는 한 그쪽으로 내려간 회사들은 모두 상황이 좋고 건강하며 자산이 많은 기업들이다. 내가 보기에 이는 부자들에게 복지 혜택을 주는 꼴이다. 가난한 이들을 수탈해 부자들에게 넘겨주는 것이다."[107]

규제완화, 즉 기업 활동에 대한 정부의 통제 권한을 줄이는 방향의 연방 정책도 경제성장을 촉진하고, 전 세계적인 경쟁 상황에 대한 미국 기업들의 대처 능력을 향상시키기 위한 것이었다. 규제완화 시도는 카터 정부 때부터 시작되어 레이건 시절에 결실을 맺었다. 교통, 통신, 금융서비스, 석유를 비롯한 많은 산업들에 대한 규제완화는 소비자와 경제 모두에 이로운 것이라고 선전됐다. 케빈 필립스는 1980년대 중반에 최고조에 달했던 규제완화 시도에 대해 검토하면서 이렇게 썼다.

1980년대 중반이 되면서 몇 가지 의문이 제기되기 시작했다. 첫째 의문은 안전에 관한 것이었다. 규제완화는 무자비한 금융투기, 항공기 관리 수준의 저하, 금융부정, 트럭사고는 물론 시장교란 행위에 대처하기 위해 기업이 장기목표를 희생시키는 사태 등을 촉발했다. 둘째 의문은 공정성에 관한 것이었다. 규제완화는 특정한 집단과 지역에 유리하게 작용했고, 서로 상대에 해를 끼칠 수 있게 했다. 부유한 개인과 금융기관들이 명백히 최대의 수혜자였다.[108]

규제완화가 경제에 끼친 가장 극적인 효과는 저축대부 회사들의 붕괴였다. 주로 탐욕과 사기 탓에 발생한 저축대부 업계의 붕괴는 미국 전체에 대략 5000억 달러의 부담을 안겼다.

마지막으로 레이건 정부가 주도한 소득세 감면도 기업과 부유층에게 상당한 세금감면 혜택을 줬다. 이런 정책들은 표면상으로는 새로운 투자와 성장을 촉진한다는 명분을 내걸었다. 그러나 현실적으로는 세금감면으로 생긴 자금의 상당 부분이 일자리 창출이나 경제성장과는 관련이 거의 없는, 투자위험이 없고 비생산적인 투자와 활동에 쓰였다. 최상위 소득계층의 개인소득세율은 1980년 70%에서 1987년 28%로 떨어졌다.[109] 연방정부가 부과하는 법인세율은 1952년 32.1%, 1980년 12.5%였으나 1983년에는 6.2%까지 떨어져 사상 최저치를 기록했다.[110] 게다가 이 해 자본이득세의 최고 세율도 20%로 1978년에 비해 29%포인트나 떨어졌다.[111]

지금 예로 든 연방 정책들은 사회복지 사업에 대한 연방 예산의 대규모 감축과 맞물리면서 부유층에게는 노다지를 안겨줬지만, 경제적으로 주변부로 밀려나 있는 노동자들에게는 재앙을 초래했다. 1977년부터 1989년 사이 미국에서 새로 창출된 소득의 60%는 가장 부유한 1%의 가계로 흘러들어갔다.[112] 바릿과 스틸에 따르면 미국 정부는 부자들을 이롭게 하기 위해 경제를 '조작'했다.

경제가 굴러가게 하는 복잡한 법규를 만드는 워싱턴 사람들은 지난 20년 동안 부분적으로는 고의적으로, 부분적으로는 태만함 탓에 특권층과 힘 있는 이들, 그리고 영향력 있는 이들을 위해 게임을 조작해왔다. 나머지 모든 사람들의 희생을 대가로 해서…. 그 결과 이미 부유한 사람들은 더 부유해졌고, 하룻밤 만에 갑부가 되는 사람들도 속출했다. 반면 노동계급의 삶은 더욱 나빠졌고, 밑바닥 사람들은 뒷에 빠졌다. 20세기 들어 처음으로, 새로 성인이 되는 사람들이 그들의 부모 세대보다 더 나은 삶을 이루는 것이 거의 불가능하다고 느끼게 될 것이다. 그들 대부분은 중산층 수준인 자기 부모들에도 미치지 못하는 지위에 머물 것이다.[113]

일자리를 창출하고 전 세계적 경쟁에 대한 기업들의 대처 능력을 키우는 것이 표면상의 목표였던 연방 정부의 정책이 실제로는 부자들에게만 이로운 것이었고, 복권이 다시 등장할 수 있는 분위기를 조성했던 것이다. 그렇다면 주 정부의 행태는 어땠는가?

주 정부는 누가 통제하는가?

미국은 연방 정부 체제를 갖추고 있다. 그래서 정부의 권력을 중앙 정부와 이보다 규모가 작은 각 지역별 정부가 나눠 갖고 있다. 중앙 정부는 각 주 정부가 준수해야 하는 법을 제정할 수 있다. 각 주 정부는 상당한 자유를 누리는 동시에 상당한 책임도 지고 있다. 예를 들어 각 주 정부는 보험, 사회기간 시설, 교통 통제, 고속도로의 건설과 유지 등에서 상당히 중요한 기능을 담당한다. 각 주는 형법의 상당 부분을 자체적으로 제정하며, 대부분의 소송 사건을 자체적으로 재판한다. 또 초등 및 중등 교육을 책임지며, 전국에 있는 대부분의 전문대학과 종합대학도 각 주 정부 책임 아래 있다. 주 정부는 사회사업과 공공복지사업을 자체적으로 시행하고 교도소와 장애인 시설을 운영하며, 이밖에도 상당히 많은 부분을 책임지고 있다. 주 정부의 중요성은 19세기의 한 저술가가 잘 지적했다.

> (주 정부는) 상당한 기능을 대신하고 있다. 그렇지 않다면 중앙 정부가 모든 일을 감당해야 하기 때문에 너무나 벅찰 것이다. 주 정부가 기능을 대신 해주는 덕분에 사업이 신속하게 처리될 수 있고, 국가의 중앙 기관들이 온 나라 전체에 영향을 끼치는 일들의 질 문제에 관심을 기울일 시간적 여유를 확보할 수 있다.[114]

연방 정부의 경우에서 본 것처럼 각 주 정부도 경제적으로 힘 있는 이들의 이익을 반영하고 있을까? 어떤 관찰자들은 각 주 정부가 현실적으로 연방 정부보다 더 부유층의 영향에 민감할 수 있다고 주장한다. 정치 분석가 밀턴 C. 커밍스와 데이비드 와이즈는 이렇게 썼다.

> 의원들의 부패가 시시때때로 드러나면서 주 의원과 주 의회에 대한 대중의 존경심도 약해졌다. 직접적인 뇌물로 매수할 수 있는 의원은 거의 없겠지만, 주 의원들이 개인적인 이익을 위해 자신의 지위를 어떤 식으로든지 이용할 것이란 생각이 대중에게 널리 퍼져 있다. 로비스트와 특정 이해집단들이 워싱턴에서보다는 각 주 의회에서 훨씬 쉽사리 자신들의 의지를 관철시킬 수 있을 것이라는 판단도 이런 생각과 밀접하게 연결돼 있다.[115]

G. 윌리엄 돔호프도 사회적 지배계급이 주 정치와 지방 정치에 상당한 영향력을 행사한다고 주장한다. 그는 힘 있는 엘리트들이 의원

들의 유세자금을 지원하거나 로비를 통해 이런 영향력을 행사한다고 지적한다.[116] 1980년대에 정치행동위원회의 자금이 주 선거와 주민투표에 대한 영향력을 날로 확대해갔으며, 특히 "업계와 전문직 사이에서 훨씬 강하게"[117] 성장했다. 일부 정치행동위원회*는 주 외부의 자금을 지방선거에 투입하는 것을 전문으로 하는 듯하다. 한 주 정부가 밝힌 바를 보면 지방선거 기부금의 60%가 주 외부에서 들어온 것이었다.[118] 사회학자 애머타이 어치오니의 설명을 들어보자.

> 뱅크팩(BANKPAC, 은행연합회 정치행동위원회)과 암팩(AMPAC, 미국의학협회 정치행동위원회) 같은 전국적인 거대 조직들은 자신들이 고른 후보에 5000달러씩 기부할 수 있다. 주 외부의 자금은 여러 가지 다양한 대의를 지지해 지원되겠지만, 액수가 큰 자금 가운데 상당수는 북부의 자유주의자들에 반대할 목적으로 보수적인 남부 및 남서부 석유 정치행동위원회들이 낸 것이다.[119]

경제적으로 힘 있는 이들은 대중의 이익을 지키기 위해 세워진 규제기관들을 장악하는 경향이 있다. 화이트칼라 경영자들은 스스로 공직을 겸하게 되더라도 자신을 고용한 기업주의 이익에 반하는 법이나 정책은 지지하지 않을 가능성이 높다. 게다가 힘 있는 엘리트 계층은 신문과 텔레비전, 라디오의 대부분을 장악하고 있으며, 각종 재단과

---

* PACs. 특정 입후보자를 당선 또는 낙선시키기 위해 기업이나 노동조합 등의 이익단체가 결성하는 미국의 선거운동 조직.

자선기관에 대해서도 상당한 통제력을 행사하고 있다.[120] 마지막으로 업계의 부자들은 우호적이지 않은 주나 도시에서 사업을 철수하겠다고 위협할 수 있으며, 실제로 그렇게 한다.

탈공업화와 강력한 세금반대 정서가 퍼져있던 상황에서 재정의 건전성을 유지하기 위해, 그리고 기업유치 경쟁에서 다른 주에 밀리지 않기 위해 각 주 정부와 지방 정부는 서로 기업 친화적인 환경을 만들려고 애를 썼다. 많은 주들이 기업을 유치하기 위해 세금감면 혜택을 주고, 도로나 상하수도와 같은 기간시설 이용료를 받지 않거나 할인해 줬다. 조 R. 피진과 로버트 파커가 제시한 다음의 예는 거대 기업들이 주 정부에 대해 어떤 힘을 발휘하는지를 보여준 한 가지 예다.

1980년대 중반에 오마하에 본사를 둔 거대 식품가공 업체 콘애그러는 새로운 연구시설과 본사가 들어설 장소를 물색하기 시작했다. 이 회사 최고 경영자는 네브래스카주 정부 관리들에게 주 세법을 개정한다면 본사를 계속 네브래스카주에 유지하는 방안을 검토할 수 있다고 통보했다. 그는 회사가 다른 곳으로 옮겨가지 않기 위해 필요한 구체적인 법 개정안을 주지사와 주 의회에 밝혔다. 그가 밝힌 내용은 고소득층에 대한 개인소득세 인하, 기업 수익에 대한 과세 기준을 네브래스카주 내 판매수익으로 한정할 것(이는 상당한 세금감면 효과가 있다), 투자 및 임금 지급액에 대한 비용 처리, 자산 및 장비에 대한 세금 면제(콘애그러 소유 제트항공기 포함) 등이었다. 콘애그러 경영진은 요구사항을 관철시켰다. 애초에는 초기 몇 년 동안 줄어드는 세금이 2400만 달러일 것으로 예상됐으나, 정밀조사 결과

실제로 줄어드는 세금은 최하 1억 6000만 달러에 이르는 것으로 드러났
다.[121]

기업들의 압력에 더 굴복한 몇몇 주는 '일할 권리 법'을 통과시킴
으로써 노조 활동을 크게 제한했다.[122] '일할 권리 법'은 일정한 기간
이 지나면 누구나 조합원이 되어야 하는 유니온숍 제도가 도입된 작
업장이라 하더라도 노조가 노조 의무가입을 요구하지 못하도록 함으
로써 노조의 효율적인 조직화를 어렵게 하는 것이었다. 고용주 관점
에서 보면 '일할 권리 법'이 주는 주요한 혜택 한 가지는 노동자들이
저임이나 열악한 복지 혜택에 반발해 들고 일어나거나 노동조건 개선
을 요구할 가능성을 크게 낮춘다는 점이었다.

심지어 저임 노동과 '수동적'인 노동력을 제공한다고 광고하면서
까지 기업 유치를 시도하는 주도 많다. 플로리다주 상무부는 광고를
통해 농업을 뺀 전체 노동자들의 13% 이하만이 노조에 가입하고 있
으며, 플로리다 주의 '일할 권리 법'이 노사분규와 조업차질을 크게
줄였다고 자랑스럽게 내세운다.[123] 텍사스주, 버지니아주, 오클라호마
주도 "다른 주의 주요 제조업 지역에 비해 상당히 임금이 낮다"[124]고
광고한다.

이런 상황이라면, 주 정부가 복권사업을 해야 할 필요성을 느끼는
이유를 쉽사리 이해할 수 있다. 다른 무슨 방법으로 주 정부가 공공사
업과 인적서비스사업 자금을 확보하겠는가? 일자리를 잃고 전보다
임금이 적은 일자리라도 찾아 헤매는 수백만 명의 사람들이 절망감과

불안감을 해결할 통로를 달리 어디서 찾을 수 있겠는가? 복권은 이 두 가지 질문 모두에 부분적인 해결책을 제시한다.

주 정부 입장에서 보면 부유층의 거부에 직면하지 않는 몇 안 되는 과세수단 중 하나가 바로 복권이다. 몇십 년 동안 법으로 복권이 금지돼 왔지만, 이제 각 주는 비록 복권이 세금 부담을 감당할 능력이 가장 약한 이들에게 공적 예산의 짐을 과도하게 부과하는 짓일지라도 열심히 복권을 조장할 수밖에 없다. 또한 각 주는 범죄가 늘어나고 도박 중독이 발생하며 젊은층 사이에 도박이 번질 가능성과, 실제로 그런 부작용이 나타나는 현실을 애써 무시할 수밖에 없다. 게다가 많은 주들은 복권을 학교와 인적서비스사업을 위한 것이라고 선전하고 있다. 현실은 다른 재원에서 끌어다 쓰던 돈을 단지 복권 수익으로 대체하는 것일 뿐인데도 말이다. 많은 주는 당첨 확률과 실제로 받게 되는 당첨금 액수에 대해 명백하게 시민들을 속이는 것이 아닐지언정, 적어도 그에 대한 정보를 제대로 알리지 않고 있는 것은 분명하다.

사유재산과 부의 수호자인 자본주의 국가는 체제가 도전을 받거나, 경제적으로 힘 있는 세력이 밑으로부터의 정치적 도전에 직면하게 될 때는 부도덕하거나 심지어 불법적인 행동까지도 할 수 있다. 경제위기를 맞은 시절에 중앙 정부는 각 주 정부에 불공평하며 사회적으로 바람직하지 못한 행동을 부추길 여지가 있는 세금 형태를 채택하고 권장하도록 강요함으로써, 사회적 자원을 경제적으로 힘 있는 소수에게만 안겨줄 용의가 있음을 보여줬다. 정부의 이런 행태는 로크, 루소, 뒤르켐이 내다본 국가의 기능에서 상당히 이탈한 것이다. 현란한 현대 언론매체를 이용해 시민들에게 복권을 통해 꿈을 추구하라고 권하는 것은, 정부는 부와 명성과 권력은 노동의 대가이며 애써서 얻은 것을 뺀 그 어떤 것도 지속되지 못 한다고 가르쳐야 한다는 드 토크빌의 훈계와 너무나 동떨어진 것이다.

복권의 부활을 유발한 주 정부와 연방 정부의 행태를 잘 관찰해보면, 국가의 기능에 대한 마르크스주의 이론 두 가지, 곧 도구 이론과 자율적 구조 이론을 뒷받침하는 증거들을 확인할 수 있다.

예를 들어 경제적으로 강력한 이들의 이해관계가 주의 정책 결정에 상당한 통제력을 발휘한다는 사실은 정부가 지배계급의 도구라는 이론을 뒷받침한다. 자본 접근을 위한 연합은 물론 날로 늘어가는 업계의 정치행동위원회, 각 주 정부 관리들을 대상으로 한 복권부활 로비활동과 대중홍보 활동에 수백만 달러를 쓰는 막강한 복권산업 등 경제적으로 힘 있는 사람들과 그들이 장악한 기업들이 정부를 직접 통제한다는 증거도 있다. 이런 영향력 행사가 경제적 지배계급 전체의 합작으로 이뤄지는 것은 아닐지 몰라도, 지배계급 내 특정 부류의 면밀히 계산된 행동은 특권층 전반의 이익에 부합하는 수가 많다.

구조주의자의 관점에서는, 정부는 예상대로 자본축적과 이윤창출을 촉진하는 방식으로 움직이며, 이런 행동은 특히 기업들이 전 세계적인 경쟁에 대처하기 위해 변신을 시도할 때 극명하게 나타난다는 사실이 지적된다. 기업에 유리한 세제 및 관세정책, 규제완화, 기업에 대한 직접보조금, 노조를 약화시키는 법 등은 엘리트층의 의식적인 조작보다는 정부 자체의 계획에 따라 만들어진 것들이다. 말하자면 정부 자체는, 엘리트층의 이익에 충실한 이들만 권력을 장악할 수 있고 이들의 이익에 반하는 행동은 현재의 경제 질서를 해체하는 것이 되도록 애초부터 설계됐다는 것이다. 그래서 설계상 정부는 이윤의 축적을 촉진하는 방향으로 행동한다. 하지만 공적 예산이 줄어들면서 금융위기는 더 심해지고, 표면상으로는 경제성장과 생산을 촉진하기 위한 행동이 실제로는 순전히 극소수가 개인적 부를 더 늘리는 데만 기여하고 만다. 이에 따라 공동체 전체는 물론 셀 수 없이 많은 개별 가정들이 일자리를 잃고 수입도 줄어들어, 파멸적인 상황을 맞게 되곤 한다.

1980년대에 자본축적에 더 많은 재원을 지원하기 위해 주택과 교육, 의료보험, 탁아 등 사회적 화합을 촉진하는 사회복지 예산이 급격히 줄어들자, 이런 위기가 더욱 복잡한 양상을 띠게 됐다. 금융위기는 복권 도입을 통해서 약간 개선됐는데, 이런 대처 방식은 중요한 의미를 갖고 있다. 주 정부 복권은 경제적으로 힘이 있는 세력들로부터 직접적인 영향을 받지는 않지만, 매일매일 수많은 보통 사람들에게 자신의 꿈을 이루기 위해 도박에 뛰어들라고 부추긴다. 대중이 복권에 많이 참여한다는 사실을 놓고 볼 때 체제를 정당화하고 사회적 조화를 촉진하는 각종 사회복지 사업이 축소되는 시절에는 복권이 적지 않은 효과를 낸다. 여기서 효과란 대중이 로또 당첨금을 탈 수 있다는 희망으로, 광범한 사회적 불평등을 거부감 없이 받아들이는 것을 말한다.

오늘날 마르크스주의 학자들은 강력한 힘을 갖춘 경제적 지배계급에 의해 국가와 정부가 어느 정도까지 직접적이고 의식적으로 지배되는지를 놓고는 서로 논쟁을 벌일 수도 있겠다. 하지만 정부가 지배계급의 이익을 보호하고 신장시킨다는 데 대해서는 모두 이구동성으로 동의할 것이다. 주 정부와 연방 정부의 행태는 복권이 다시 등장하는 데 주요한 역할을 했고, 대중으로 하여금 복권에 참여하도록 하는 데도 주요한 추진력으로 작용해왔다.

복권, 불평등을 정당화하는 수단

4장 복권, 불평등을 정당화하는 수단

경제 집중화와 탈공업화, 그리고 경제적 특권층의 이익을 보장하기 위한 정부 정책은 미국인 수천만 명에게 해악을 끼쳤다. 실업과 빈곤, 기아, 노숙이 지난 20년 동안 꾸준히 늘어났다. 다수는 막대한 빚에 눌린 채, 부도난 회사로부터 한달 또는 두 달치 월급만 달랑 받아들고 불안 속에 흔들린다. 예를 들어 1950년대에 평균적인 가구의 빚은 세후 수입의 33% 정도였다. 그런데 이 비율이 1997년에는 95%까지 높아졌다.[1] 놀랄 일도 아니지만 개인파산이 꾸준한 추세를 보이고 있다. 오늘날 수많은 미국 가정이 높은 이자의 신용카드 대출을 통해 가계를 지탱하고 있다.[2] 게다가 1997년에는 일년 내내 의료보험 없이 지내는 인구가 전체의 16.1%인 4340만 명에 달했다.[3]

왜 미국민들은 이런 상황을 감수하고 있는가? 왜 천대받는 노동자들은 C. 라이트 밀스가 그들의 "장기적이고 일반적이며 합리적인 이익"[4]이라고 부른 것에 대해 제대로 인식하고 있음을 보여주지 못하는

가? 이번 장은 합리화의 과정에 대해 좀더 자세히 검토할 것이다. 먼저 일반적으로 불평등을 어떻게 받아들이게 되는지 간략히 검토하고, 이어서 어떻게 주 정부의 복권이 현재 상태에 대한 대중의 수용 태도를 더 강해지게 하는지 볼 것이다.

체제 정당화 과정

힘 있는 사람들로서는 막대한 재산을 개인이 장악하는 것이 정당한 일이라고 미리 대중을 설득해두는 게 나중에 대중의 지속적인 위협에 어쩔 수 없이 대처해야 하는 것보다 훨씬 유리하다. 힘 있는 소수가 사치와 낭비를 즐기려면, 부를 창출해주는 다수가 어려움을 겪고 경제적으로 주변부로 밀려나 불안에 시달리는 가운데서도 개인이 막대한 재산을 소유하는 행위가 당연하며 정당한 것이라는 인식을 널리 가져줘야 한다. 이는 역사적으로 확인되는 진실이며 오늘날에도 마찬가지다.

정당화 과정은 두 가지 차원에서 진행된다. 하나는 미시적인 또는 사회심리적 차원이고, 다른 하나는 거시적 또는 구조적 차원이다. 이 두 가지 차원의 관계는 변증법적이다. 다시 말해 상호의존적이면서 서로 영향을 주고받는다는 것이다.

사회심리적 차원에서 보면 미국에서 불평등은 공정한 기회가 존재한다는 통념에 의해 받아들여진다. 사회학자들에 따르면 '기회가 존재한다'는 가정은 체제를 지탱해주는 이데올로기의 근간을 이룬다. 여기서 체제를 지탱해주는 이데올로기는 "챙길 수 있는 것 대부분을 챙기는 집단의 시각을 반영한다는 의미에서 지배적"[5]인 계급화 이데올로기를 말한다.

이 지배적인 계급화 이데올로기를 가장 기본적인 형태로 환원해보면 이렇게 요약된다. ① 미국에는 경제적 기회가 풍부하다. ② 각 개인은 근면해야 하며 경쟁력을 갖춰야 한다. ③ 보상은 개인의 능력과 노력의 결과이며 또 그래야 한다. ④ 불평등이 확산되는 것은 일반적으로 정당하며 공정한 것이다.[6] 지배적인 계급화 이데올로기의 기둥은 다름 아닌 기회에 대한 신념이다. 사람들이 이런 이데올로기를 받아들이는 한 각 개인은 자신의 빈곤을 스스로 책임져야 한다. 기존질서를 실제로 위협하는 상황이 벌어질 가능성은 거의 없다.

한 연구는 대중이 지배적인 이데올로기를 강하게 지지하며, 특히 부유층에서 그 지지도가 훨씬 높다는 점을 보여준다. 1966년 미시간 주 머스키건 지역 주민을 대상으로 실시된 신념에 대한 분석은, 대부분의 주민들이 공정한 기회가 존재한다고 믿으며 이런 믿음은 저소득층보다 고소득층에서 더 강하다는 사실을 밝혀냈다. 설문 응답자 가운데 고소득층은 빈곤을 각 개인의 책임으로 돌리는 경향을 보였고, 저소득층은 기회의 유효성에 대한 의문을 상대적으로 좀더 많이 제기했다.[7]

이와 비슷하게 1969년에 실시된 전국적인 조사도 빈곤을 개인 차원에서 설명하는 것에 대한 강한 지지도를 확인했다. 이 조사에서 상대적으로 소수의 사람들, 특히 저소득층과 젊은층, 아프리카계 미국인들은 빈곤을 구조적으로 설명하는 경향을 보였다.[8] 1980년에 실시된 전국적인 조사에서는 응답자의 다수가 여전히 지배적인 계급화 이데올로기를 지지했으나 지지 비율은 과거보다 낮아졌다.

1952년의 전국 대상 조사에서는 "기회가 널려 있으며 누구든지 열심히 일하면 자신이 원하는 것을 달성할 수 있다"는 데 대해 설문 대상자의 88%가 동의했다. 하지만 이 동의율은 1966년 머스키건에서 실시된 조사에서는 78%, 1980년의 조사에서는 70%로 떨어졌다.[9] 과거의 연구 결과와 마찬가지로 이 조사에서도 저소득층이 고소득층보다 지배적인 이데올로기를 덜 수용하는 경향을 보였다.[10]

미국에는 기회의 여지가 있다는 통념은 거시적인 또는 구조적인 정당화 과정을 뒷받침하는 동시에, 거꾸로 이런 과정에 의해 뒷받침된다. 20세기 자본주의 사회에 사는 시민들은 기존 사회질서를 뒷받침하는 가치를 받아들이도록 주입당한다고 한 밀리밴드의 말을 되새겨 볼 필요가 있다. 밀리밴드의 주장은 사회화와 통제의 힘에 대한 사회학적 분석을 통해 확인된다.

예를 들어 많은 이들이 사회화 과정의 가장 강력한 도구로 여기는 가족은 실제로 불평등을 정당화하는 데 중요한 구실을 한다. 프리드리히 엥겔스는 1884년 가족에 대해 비판적인 글을 쓰면서 가족을 '여성과 어린이를 억압하고 사회적 불평등을 지지하는 사회적 장치'로 보는 시각을 밝혔다.[11] 19세기와 20세기의 여성운동을 통해 상당한 진보가 이뤄지기는 했지만, 가족은 여전히 성적 불평등을 반영하며 이를 강화하고 있다.[12] 게다가 많은 가족은 자녀들에게 사회적응에 적합하고 필요하다고 생각되는 가치와 행동을 가르친다. 예를 들자면 노동계급의 부모는 자녀들에게 순종의 중요성을 가르치고, 중산층 부모는 자녀들에게 솔선수범과 독립성을 강조하는 경향이 있다. 서로 다른 이 두 성향은 그러나 다음 세대에서 같은 계급구조를 재생산하는 데 같은 방향으로 기여한다.[13]

종교 또한 불평등을 정당화하는 데 중요한 구실을 한다. 마르크스는 종교를 "민중의 아편"이라고 했다. 사람들을 진정시키고 특권층과 부정 때문에 발생한 어려움에 복종하도록 하는 강력한 마약이라고 본 것이다. 역사 이래로 종교는 불평등은 '신의 의지'의 결과물이라고 주장함으로써 사회의 불평등을 정당화해 왔다. 종교는 남녀 차이와 민족, 성적 취향, 계급에 기초한 차별과 불평등을 정당화하는 데 이용돼 왔으며 지금도 이용되고 있다. 종교적 이념에 대한 호소가 가끔씩은 불평등에 도전하고 불만을 합리화하는 데 이용되기도 했으나, 종교는 여전히 현상을 유지하는 데 중요한 기둥 구실을 하고 있다. 찰스 E. 허스트는 이렇게 쓰고 있다.

특히 기독교 교파들은 불평등에 대한 사람들의 신념을 정당화했다. 일반적으로 각 개인과 신의 개별적인 관계에 초점을 맞추는 개신교는 성공을 이루는 데 고된 노력과 기회의 평등이 중요함을 유독 강조한다. 신성시되는 '미국 방식'이란 불평등을 지지하는 이념의 핵심을 이루는 개인주의, 자유, 자본주의, 기회의 평등을 통합한 것이다.[14]

어떤 사회에서든 교육체제 또한 사람들이 기존 질서를 받아들이도록 하는 데 기여한다. 대부분의 사회에서 학생들은 주로 획일성과 통제를 촉진하는 규칙과 절차를 지키라는 교육을 받는다. 미국에서 학생들은 보통 위계질서를 존중하고 경쟁력을 갖추라는 교육을 받는다. 역사 과목은 보통 과거의 불공정은 지워버리고, 기존 사회질서를 수용하도록 하는 기반을 제공한다.[15] 교육체제에 대해 검토하면서 조 R. 피진은 이렇게 썼다.

교원과 교육행정가들은 아이들을 사회화하는 부분에서 중요한 인물들이다. 학교에서 가르치는 것들은 미국 사회의 기본적인 가치와 미국 사회에 대한 전통적인 신념을 전달하고 강화한다. 많은 교사들은 직간접적으로 개인주의 이념과 가난한 이들에 대한 지배적인 관념, 노조에 대해서는 아주 드물게만 언급하면서 자본주의에 대한 긍정적인 관점을 가르치고, 소수자와 여성에 대해서는 판에 박힌 생각을 하도록 가르친다. 정식 교육과정은 때때로 기존질서를 지탱하는 신념과 가치를 전달한다.[16]

미국의 교육체제는 강력한 영향력을 발휘하는 지배적인 가치의 전달자다.[17]

밀리밴드가 지적했듯이 정당화의 또 다른 강력한 구조적 원천은 대중매체다. 대중매체는 정부 정책을 지지하고 경제적으로 막강한 이들에게 유리한 시각을 전달한다는 지적을 받는다.[18] 미국 전역의 신문들은 점점 더 극소수 기업들의 통제권 속에 편입되고 있다.[19] 주요 텔레비전 방송망은 힘 있는 거대 기업의 지배를 받고 있다. 예를 들어 제너럴 일렉트릭은 1995년에 NBC 방송사를 사들였고, 같은 해 월트디즈니는 ABC 방송 네트워크와 많은 신문, 라디오 방송을 거느리고 있는 캐피털시티/ABC를 사들임으로써 미국 역사상 최대 규모의 인수합병 기록을 세웠다.

이런 거래는 오락과 뉴스, 멀티미디어 시스템의 융합을 가져왔다. 같은 해에 언론 재벌 타임워너는 CNN 방송을 소유한 케이블 방송계의 주요 기업인 터너브로드캐스팅을 인수했다. 1999년 가을에는 케이블 방송인 MTV, VH1, 니컬로디언과 파라마운트 영화사, '블록버스터 비디오 대여 체인' 등을 소유한 바이어콤이 CBS 방송사를 매입할 의사를 표명했다. 이 합병이 이뤄진다면 바이어콤은 타임워너에 이은 세계 2위의 미디어 기업으로 떠오르게 될 상황이었다. 이런 식으로 거대 오락–통신 재벌이 계속 나타날 것으로 예상된다. 전국에 걸쳐 수천 개에 이르는 독립 케이블 시스템 운영사들은 앞으로 10~20년 안에 시장에서 다 밀려나고 거대 업체 5~6곳 정도만 살아남을 것으로 예상된다.[20]

주요 언론매체들에 대한 통제력이 집중되면, 그것은 우리가 우리 자신과 세계를 바라보는 방식을 더욱 강력하게 지배할 수 있게 된다. 예컨대 미국의 뉴스 프로그램들은 기업과 상류계급의 이익을 옹호하는 쪽으로 기울어있다는 지적을 받고 있다. 이렇게 된 것은 ① 많은 뉴스 매체들을 부유층이 소유하고 있고 ② 대중매체들은 사업 유지를 위해 광고에 크게 의존하기 때문에 광고주인 기업들의 압력을 받으며

③ 뉴스거리 중 많은 것들을 정부와 업계의 전문가들이 제공하며 ④ 단지 특권층의 이익을 대변하는 것에 불과한 기업과 정부의 행태를 정당화하는 데 반공주의가 자주 이용되고 있기 때문이다.[21] 이런 환경에서는 기업의 인수합병, 그리고 경제력 집중을 부르는 사건들이 서로 아무런 관계도 없는 바람직한 사건인 것처럼 표현되고, 그것들이 대중에 끼치는 영향과 체제 전체 흐름과의 관련성은 거의 분석되지 않는다.

이런 여러 강력한 사회화 과정들, 다시 말해 가족, 종교, 교육체제, 대중매체, 국가는 이념과 사회구성의 조직체계, 다시 말해 상부구조를 구성하는 강력한 기구들이다. 마르크스가 19세기에 지적했듯이 사람들이 현실 속에서 마주치는 이념과 절차 합법화 체계는 사람들로 하여금 불평등을 받아들이게 한다. 상부구조가 퍼뜨리는 지배적인 계급화 이데올로기가 미국의 심각한 불평등을 사회적으로 용인하게 하는 기반이 된다.

이 이데올로기는 빈곤에 허덕이거나 빈곤에 준하는 처지에 놓인 수천만 명의 미국인들에게 '자기 운명의 주된 책임은 자기 자신에게 있다'는 혼란스러운 메시지를 전달한다. 솔선수범의 자세가 결여돼 있고 검약할 줄 모르며 재주나 올바른 가치관도 갖고 있지 못해 성공하지 못한 사람들은 누구도 아닌 자신을 탓해야 한다는 것이다. 이런 메시지는 기존 사회질서를 강화하는 구실만 하는 게 아니다. 사람들이 경제적 성공을 이루지 못한 자신만 탓하고, 사회구조가 결정적인 구실을 하는 경우가 많다는 사실은 인식하지 못한 채 심리적으로 황폐

해지도록 한다.[22]

　이들은 자본주의는 좋은 것이며 기회는 널려있고, 모든 능력 있는 이들은 자립적이어야 한다고 배운다. 이런 이념적 관점에서 보면 부유한 사람은 찬양되고 부러움의 대상이 돼야 하고, 별다른 재산이 없는 이들은 가치가 없는 사람들이다. 체제 문제와 사회 전체의 복지에는 사람들의 관심이 가지 않으며, 개인주의적 가치가 다른 모든 것들 위에 군림하는 데 따르는 문제점도 주목받지 못한다.

　지배 이데올로기가 극심한 불평등과 개인들의 박탈감에 대해 제시하는 설명들을 대부분의 사람들이 별다른 이의 없이 그저 받아들이는 가운데 잘못된 의식이 사회에 퍼져나가는 것이다. 그 결과 체제는 중요한 도전에 직면하는 일이 거의 없고, 경제적으로 힘 있는 이들의 이익은 위협받지 않는다. 빈부격차가 날로 커지고 기회에 대한 믿음이 약해질 경우에는 복권이 제 구실을 할 수 있다. 다른 방식이라면 설득하기 어려운 사람들에 대해서도 복권은 보수적인 이념을 유지시키는 역할을 할 수 있다.

진정 새로운 기회인가?

대부분의 사람들이 경제적인 안정을 확보할 기회가 날로 줄어들고 있는 바로 이 시점에, 복권은 개인적인 경제적 상승의 새로운 기회로 부각되고 있다. 대중매체들은 복권 게임에 참여하는 것을 정당화하고 부추기는 데 이용되고 있고, 정부는 단 1달러만 지출하면 인생을 바꿀 기회를 얻을 수 있다는 메시지를 전파한다.

복권은 이제 사람들이 희망과 꿈을 추구하는, 정상적이며 합리적인 동시에 가장 무난한 방법으로 여겨지고 있다. 파산한 52살의 전화 가설 기술자 데이비드 데마레스트 같은 복권 당첨자들의 사연은 언론을 통해 "그의 삶은 자신이 기대했던 것보다 훨씬 더 행복하게 바뀌었다"는 식으로 알려진다. 영화 〈당신에게 일어날 수 있는 일〉을 보자. 주인공인 경찰과 여급이 복권 당첨금을 나눠 가지면서 사랑과 행복을 찾는다. 적당한 재산을 갖고 살다가 복권에 당첨된 소설 속 주인공 클레어 고다드가 사치스런 자동차와 고급 저택을 구입하는 등 돈을 흥청망청 쓴다는 설정은 그야말로 한편의 영화 속에서나 가능한 이야기다. 이 모든 것들이 누구에게나 아직도 기회는 있다는 극적인 이야기를 대중에 퍼뜨리고 있다.

필자가 직접 맡았던 한 가지 연구는 주 정부의 복권, 특히 그 가운데서 슈퍼로또가 경제적인 기회에 대한 미국인들의 인식과 연결돼 있음을 확인시켜줬다. 1992년 미국 중서부 작은 도시의 성인들 가운데서 무작위로 450명을 뽑아 조사한 결과 77%가 복권을 사고 있었다. 복권을 사는 이들의 63%는 슈퍼로또에 대해 '선택하기 나름인 뽑기 게임'이라고 생각하고 있었다. 흥미롭게도 응답자의 45% 이상은 부자가 될 가능성이 가장 높은 방법은 뽑기를 잘 하는 것이라고 생각하고, 이렇게 생각하는 이들의 94%는 뽑기 중에서도 역시 복권이 부자가 될 가능성이 가장 높은 방법이라고 믿었다. 자신의 운을 복권에 거는 이들은 40살 이상의 고졸 학력자들이었으며, 수입으로 보면 연 4만 달러 미만인 사람들이었다. 중요한 점은 슈퍼로또를 산다는 응답자의 77%가 미국은 '기회의 땅'이라고 믿는다는 것이다. 반면 즉석복권 등 당첨금이 상대적으로 낮은 복권을 좋아하는 이들 가운데 미국이 기회의 땅이라고 믿는 비중은 61%로 비교적 낮았다.[23]

이 연구는 복권이 기회에 대한 믿음과 경제상황 개선에 대한 희망의 산물이라는 측면을 지니고 있다는 사실을 보여준다. 이 점은 복권 구매자 한 명이 〈로또월드〉라는 잡지 편집장에게 보낸 독자편지의 다음과 같은 구절을 통해서도 확인된다.

"복권은…그것을 살 용기가 있는 우리 모두에게 공정한 경쟁의 장을 제공한다."[24]

부를 획득하는 유일무이한 길?

주 정부 복권 광고의 핵심 주제는 부를 거머쥐는 것은 놀랍고 초월적인 경험이며, 이런 기회는 모두에게 열려있다는 것이다. 일례로, 일리노이주 복권의 텔레비전 광고는 다음과 같은 내용의 대사와 함께 거대한 저택 모습을 비춘다.

미국에는 왕도 왕비도 없고, 공작 같은 귀족도 없다. 우리 사회는 훨씬 더 민주적이다. 이건 슈퍼로또라는 것이다. 슈퍼로또는 모든 개인들에게 막대한 부를 잡을 기회를 제공한다. 슈퍼로또 복권을 사자. 당신이 왕으로 태어날 수는 없지만, 누구도 당신에게 왕처럼 살 수 없다고는 말할 수는 없다.

찰스 T. 클로트펠터와 필립 J. 쿡도 이와 비슷한 광고의 예를 든다.

'좋은 인생'이라는 캘리포니아 즉석복권 텔레비전 광고는 멋지게 차려있고 춤을 추는 남녀, 값비싼 강아지를 산책시키는 여인, 빨간 카펫이 펼쳐지는 모습, 요트를 타는 남녀 등을 보여주며 부의 특권을 찬양한다. 미시간주의 광고는 더 간결하게 표현한다. "부자들, 그들에게 합류하라."[25]

1998년 12월 영국의 국영 복권은 사업 개시 4년 만에 710명을 백만장자로 만들어 그들로 하여금 "부자들의 대열에 합류할 수 있게 해줬다"고 자랑했다.[26]

복권 판매에 혈안이 된 주 정부들은 부는 바람직한 것이라고 선전해대고 있다. 선전의 정도는 방탕한 생활을 미화하고 정당화하는 내용의 텔레비전 프로그램 〈부자와 유명인의 생활방식〉을 비롯한 각종 프로그램, 영화, 책, 잡지 등에 못지않다. 주 정부들은 값비싼 차와 요트, 심지어 뉴욕 주 복권의 경우처럼 가짜로 만들어내지 않을 수 없을 만큼 아주 사치스런 저택 등을 대중의 눈앞에 보여준다.

이런 주 정부들의 행태는 19세기 말~20세기 초에 활약한 사회학자

톨스타인 베블렌이 말한 '과시적 소비'[27]를 직접적으로 부추기고 있다. 베블렌은 자본주의 사회에서 뿌리를 내린 부에 대한 집착을 야만의 시대인 인류 초창기 역사의 유산으로 본다. 야만의 사회에서 농부와 노예로 전락한 이들은 공동체의 생존을 위해 필요한 일을 수행하는 과정에서 사제와 족장, 기타 유한계급에게 착취당했다. 베블렌은 고급 제품의 과도한 소비와 부유함의 과시는 개인의 물질적 필요를 충족시키는 것을 넘어 개인의 계급과 신분 그리고 우월성을 상징하는 것이라고 지적했다. 반대로 입에 풀칠만 하며 사는 이들은 명백히 열등한 것이 된다. 베블렌은 이렇게 지적했다.

> 훨씬 좋은 상품들을 소비하는 것은 부를 증명하는 것이며, 따라서 이런 소비는 존경스러운 것이 되었다. 반대로 적당한 양과 적당한 품질의 제품을 소비하지 못하는 것은 열등함과 결함의 징표가 됐다.[28]

베블렌은 사치스런 소비는 인간의 삶이나 복지에 기여하지 않기 때문에 낭비일 뿐이라고 본다.[29] 그는 인류 가치에 대한 시대착오적인 가치와 기준은 특히 19세기에 문제가 됐다고 지적했다. 당시 과시적 소비에 대한 찬양은 산업사회를 지탱하는 데 필요한 근면과 노력으로부터 사람들의 관심을 멀게 했다.

베블렌의 생각은 특히 오늘날 다시 검토해볼 가치가 있다. 20세기 말 이후의 현 상황은 인구가 놀라운 속도로 늘어나면서 천연자원이 급속하게 고갈되고, 미국과 전 세계에서 가까스로 입에 풀칠을 하는

사람들 수가 계속 늘어나고 있으며, 수백만 명의 노동대중이 노동의
대가를 도둑맞고 있는 모습이다. 이런 상황에서 정부가 엄청난 재산
을 사적으로 축적하는 것에 가치를 부여하도록 권한다는 게 과연 합
리적인 공적 정책일까? 이런 문제점을 인식하고 공개적인 논의의 영
역으로 끌어내는 건 누구의 책임인가?

분명한 것은 주 정부의 복권 담당 공무원과 복권 광고 담당자는 사
회 전반의 복지와 대중의 이익에 관련된 문제를 그다지 고려하지 않는
다는 사실이다. 그들의 기본적인 관심과 목표는 그저 복권 판매량을
지속적으로 늘리는 데 있다. 이런 문제에 대한 고려는 연방 정부 차원
에서 이뤄지고 있지만, 최근 영국과 미국에서 발생한 사건들이 분명히
보여주듯이 연방 차원에서도 별다른 성과를 얻지 못하고 있다.

기분전환으로서의 복권

주 정부의 복권사업이 사회에 끼치는 영향에 대해 검토하면서 H. 로
이 캐플런은 이렇게 말했다.

> 복권으로 큰 돈을 번다는 공허한 꿈은 사람들의 관심을 자신의 불행과 무
> 의미한 삶으로부터 다른 곳으로 돌려놓음으로써 사회통제 수단으로 이용
> 될 수도 있다. 복권과 합법적인 도박이 사회를 통제하는 측면은 복권과 도
> 박이 확산될수록 더 크게 부각된다.[30]

주 정부의 복권사업은 일종의 안전판 구실을 하고, 사람들의 스트레스와 절망감을 체제 강화 활동으로 흡수함으로써 대중 봉기가 일어날 잠재적인 위협을 회피할 수 있게 해준다. 동시에 사람들의 관심을 그들의 고통과 불안에서 다른 쪽으로 흩뜨려놓는 데도 복권은 도움이 된다. 뿐만 아니라 사람들의 삶에 영향을 끼치는 문제와 사회제도에 관심이 모아지지 않게 하는 데도 기여한다. 누가 중요한 경제적 결정을 하고, 그런 결정이 왜 나왔으며, 왜 삶의 질이 나빠지고, 왜 노동조건이 쉽게 나아지지 않고 노동의 대가는 적어지는지 등의 질문이 공개적으로 의미 있게 성찰되는 일은 아주 드물다.

사회경제적 정의를 확대하기 위해서는 공정한 교육과 사회제도가 필요하다는 점을 생각하면, 이런 초점 흐리기는 문제가 아닐 수 없다. 마르크스는 사회질서에 의해 억압받는 이들은 결국 자신들의 집단적인 이익에 눈을 뜨고 체제를 변화시키는 행동에 나설 것이라고 믿었다. 버텔 올먼은 전통적인 마르크스주의 이론이 임금노동자들을 다음과 같이 정의한다고 말한다.

임금노동자란 그들의 삶의 조건, 노동 경험을 포함한 각종 경험, 공동의 투쟁과 토론이 그들로 하여금 조만간 국가에 대해 하나의 의식을 갖게 하고 국가를 변혁하기 위해서 무엇을 해야 하는지를 알게 될 계급이다.[31]

오늘날 저소득층이 경제 질서의 여러 측면에 도전하는 경향이 있다는 점을 확인시켜주는 증거들이 있다. 저소득층은 고소득층에 비해 불평등에 대한 관례적인 설명을 덜 수용하는 경향이 있다는 점은 전통적인 마르크스주의의 신조를 뒷받침한다. 예를 들어 우리는 저소득층이 고소득층에 비해 지배적인 계급화 이데올로기를 덜 수용하고, 개인의 문제가 사회구조 때문에 발생한다고 믿는 경향이 강하다는 사실을 확인했다.

앞에서 거론한 1992년 중서부 소도시 주민을 대상으로 한 연구는 경제정책에 대한 몇 가지 질문에 대한 사람들의 반응을 소득수준에 따라 나눠 비교했다. 저소득층과 중산층은 고소득층보다 ① 소득 상한선의 설정 ② 기간산업의 국유화 ③ 모든 사람들에 대한 정부 차원의 일자리 보장 ④ 기업 의사결정 절차의 민주화 ⑤ 경제문제 결정에 대한 사회주의적 참여를 더 선호하는 것으로 나타났으며, 이런 선호도의 차이는 통계학적으로 의미가 있는 수준이었다.[32]

그런데 정부의 복권사업은 경제구조에 도전하는 이런 경향이 수그러들도록 하는 한 요소로 작용한다. 1992년 조사에서 복권을 사는 이들은 응답자의 77%였고, 그들 중에서도 다수를 차지하는 슈퍼로또 구입자들은 "미국은 열심히 일하는 사람이면 누구나 성공할 수 있다"는 말에 강한 동의를 나타냈음을 우리는 이미 확인했다. 부유해지고 싶은 희망을 복권에 거는 사람들은 상대적으로 교육과 소득의 수준이 낮은 편에 속했다. 결과적으로 정부의 복권은 상부구조의 다른 강력한 세력들과 합세해 저소득층과 중산층의 정치의식 형성을 억제한다.

사회변화를 추구하는 잠재적 경향이 복권에 의해 억제 당하는 사람들이 저소득층에만 있는 것은 아니다. 젊은이들도 종종 사회변화를 촉진하는 데 중요한 구실을 하지만, 이들도 마찬가지다.[33] 젊은 사람들은 자신이 직면하고 있는 여건과 지배적인 이념을 비판적으로 평가할 수만 있다면 변화의 옹호자가 될 가능성이 크다. 버텔 올먼은 이렇게 지적한다.

> 노동자 개인이 성인이 된 뒤에 자신에게 가해진 억압을 객관적으로 평가하고 거기에 대항하는 것을 힘들게 하는 요소들 곧 가족, 학교, 교회 등이 발휘하는 잘못된 영향력에 맞서 싸울 때, 다시 말하면 노동자들의 '성격구조' 형성에 맞서 싸울 때 그것을 물리치는 게 가능하다. 이런 급진적인 행동의 분명한 목표는 10대들과 노동계급 중 젊은이들이 기존 질서와 그 질서의 지도자들, 그리고 그 상징들에 대해 의문을 제기하고, 존중과 복종의 습관을 약화시키며, 개인과 집단의 필요성에서 볼 때 잘못된 것들에 반대하게 만드는 것이다.[34]

그러나 20세기 말 미국 젊은이들이 기존 이데올로기와 분별력을 저해하는 기존 이데올로기의 영향력에 맞서는 데 필요한 역사, 사회정치, 경제적 지식을 갖추고 있음을 보여주는 증거는 거의 없다. 기존질서를 중시하는 교육제도와 언론매체에 의해 사회화된 수백만 명의 젊은이들은, 재산 문제에 대한 논란이 존재하지 않고 그들이 태어나기 전부터 이미 정부가 도박을 부추겨온 이 땅에서 나고 자라 성인이 됐다. 이제는 놀랄 일도 아니지만, 각 주 정부는 젊은층을 복권과 복권 광고의 주 대상으로 삼는다. 예컨대 오리건주의 '스포츠 액션 게임'

은 젊은층의 참여를 증가시키는 것을 목표로 삼았고, 오하이오주 복권은 홀 앤드 오츠의 팝송 〈당신이 내 꿈을 이뤄주네〉가 흘러나오는 가운데 값비싼 자동차와 요트에 감동하는 젊은이들을 보여주는 텔레비전 광고를 만들었다.

이렇듯 미국 사회의 상부구조는 이 나라 젊은이들의 조직적 반대 움직임을 촉진하는 것과는 거리가 멀고, 복권은 판촉 활동을 통해 부와 물질을 획득하는 행위를 찬양함으로써 젊은이들의 정치의식 계발을 저해한다. 몇몇 전문가들이 10대의 도박 문제가 마약 문제를 앞지르는 최대의 문제가 됐다고 지적할 정도로 젊은층의 복권 확산이 그 도를 넘어섰음에도 불구하고….

이제 더 이상 일하지 않겠어

주 정부 복권이 퍼뜨리는 또 다른 메시지들 가운데 특히 복권 판매에 효과적인 것은 노동은 바람직하지 않다는 메시지다. 예를 들어 몇몇 오하이오주 복권 당첨자들은 노동의 가치를 거부하는 광고에 등장한다. 이 광고에서 한 당첨자는 이렇게 말한다.

누구나 이렇게 말하고 싶을 겁니다. "나는 내일 일하러 가지 않을 거야. 만약 내가 출근하지 않으면 로또에 당첨된 줄 알라고." 저는 실제로 로또에 당첨됐고, 오늘 일하러 가지 않았습니다.

다른 당첨자는 이렇게 말한다.

8년 전에 당첨됐죠. 내 머리에 처음 떠오른 생각은 이제 더 이상 일을 할
필요가 없다는 거였습니다. 저는 실제로 7년 동안 아무 일도 안했죠.

앨런 J. 카처는 뉴저지주 복권 광고에 대해 이렇게 지적했다.

광고는 축구장에서 팝콘과 청량음료를 파는 판매상을 보여준다. 그는 동
시에 3명의 손님을 상대하고 있다. 극도로 귀찮은 얼굴 표정으로, 머리에
는 모자를 삐딱하게 쓰고 있으며, 손에 들고 있는 쟁반은 금방이라도 바닥
에 떨어질 것 같다. 이 같은 장면에 겹쳐 '피크6'에 당첨만 되면 이런 일은
더 이상 할 필요 없어"라는 문구가 제시된다. 이런 인쇄물 광고는 복권에
당첨되면 육체노동을 요구하는 일을 할 필요가 없어진다는 메시지를 전하
는 복권 광고 전반과 일맥상통한다. "이 일을 더 이상 할 필요 없어! 복권
에 당첨됐으니까"라고 쓰인 입광고판도 곳곳에 세워졌다.[35]

복권상들은 노동자들의 불만을 약삭빠르게 파고든다. 마르크스는
의미 있는 노동은 개인의 발전과 행복에 반드시 필요한 창조적이고
만족스런 경험일 수 있기 때문에 인류에게 아주 중요하다고 믿었다.
하지만 자본주의에서는 노동 과정이 소외와 적대의 과정이 됐다고 그
는 지적했다. 날로 늘어나는 자동화와 노동통제 강화는 사람들을 자
기 노동의 결과물로부터 멀어지게 하는 동시에, 자신의 경쟁자가 되

어버린 다른 노동자들로부터 소외시킨다. 노동은 또한 노동자들이 자신의 창조적 본성과 잠재력으로부터도 소외되는 경험에 불과한 것이 됐다.

노동의 가치 하락은 20세기 자본주의 아래서 가속화됐다.[36] 많은 이들이 자율성과 의사결정에의 참여, 그리고 노동을 의미와 보람이 있는 것으로 만드는 요소들이 배제된 일들을 하고 있다. 그 결과 많은 이들이 노동은 지루하고 비인간적이며 가끔씩은 위험한 경험이라고 느끼게 된다.[37] 최근 미국 전역에 걸쳐 피고용인들의 태도를 조사한 결과, 미국 노동자 수백만 명이 기업 관리자들에게 무시당한다고 느끼고 있는 것으로 드러났다. 전체의 3분의 2 정도가 회사나 일터에 중요한 영향을 끼치는 의사결정에 참여하기를 원하고 있다. 그러나 대부분은 잘못 했다가는 쫓겨날 것이라는 불안감을 갖고 있기 때문에 항의에 나서지는 않는 것으로 나타났다.[38]

미국인 수백만 명이 느끼는 괴로운 노동환경은 탈공업화와 대규모 인수합병, 지속적인 자동화로 인해 보수가 괜찮은 일자리가 줄어듦에 따라 더욱 나빠지고 있고, 그 결과로 저임 노동, 서비스 부문 고용, 시간제 근무가 급격하게 늘어나고 있다. 이런 상황은 다시 빈곤에 시달리는 노동자 숫자가 늘어나게 만든다.[39] 기업들의 합병과 다운사이징에서 살아남아 자기 일자리를 지킨 운 좋은 이들 가운데 대부분은 더욱 강도 높은 노동에 시달리고 있다. 이런 이들은 자신이 다음번 인원 감축의 희생자가 될지 모른다는 불안에 떨고 있다. 이처럼 스트레스와 불안 속에서 고된 노동을 해야 하는 조건에서는 많은 사람들이 자신의 노동으로부터 스스로 소외되고 있다고 느끼는 것이 당연하다.

노동자들이 선택할 수 있는 논리적이고 합리적인 전략은 그들끼리 뭉쳐서 적정한 임금과 일자리의 보장, 의사결정 과정에의 참여, 좀더 의미 있고 안전한 노동환경 조성이 가능한 민주적인 일터를 요구하는 것이다. 하지만 이런 조직화와 행동을 할 가능성은, 노동자들의 불행을 당연시하면서 '복권을 사서 부자가 된 뒤 일을 그만두라' 는 식의 개인주의적이고 체제옹호적인 해답만을 제시하는 복권 광고 때문에 더욱 낮아지고 있다.

게다가 주 정부의 복권은 수입이 적은 것은 열등함을 나타내며 오직 부를 획득함으로써만 문제가 해결될 수 있는 것처럼 묘사하는 광고를 통해 저임금노동자들을 업신여긴다. 복권 광고는 종종 부유하지 못한 이들을 2류로 묘사하는 장면을 엄청난 부의 이미지와 나란히 대비시킨다. 클로트펠터와 쿡은 이렇게 지적했다.

워싱턴 시는 '바뀌기 전'과 '바뀐 뒤'를 주제로 한 시리즈 광고를 선보였다. 한 인쇄물 광고에서 '바뀌기 전' 상황은 머리가 헝클어지고 얼굴은 덥수룩한 수염으로 뒤덮인 채 안경을 쓰고 더러운 옷을 입은 누추한 사람을 보여준다. '바뀐 뒤' 의 그림에서는 면도를 말끔히 하고 턱시도로 잘 차려입었으며 안경을 쓰지 않은 사람이 손에 공연 프로그램을 들고 있다. 이 광고는 "표 한 장이면, 당신에게도 일어날 수 있는 일"이라고 주장한다.[40]

주 정부의 복권이 전달하는 이런 메시지는 열심히 일해서 사회가 존립하는 데 꼭 필요한 재화와 용역을 창출해내고 합당한 보수를 받는 수백만 명의 사람들에게 큰 해악을 끼친다. 하지만 이런 메시지는 생소한 것도 아니다. 사회, 경제, 정치적 힘이 제한돼 있는 사람들은 미국에서 이미 오래 전부터 가치를 인정받지 못해왔다. 또 그들은 사회적 다원주의가 등장한 이후 사회 문제를 풀어가는 데 희생양으로 이용돼 왔다.[41] 복권 광고는 재산이 거의 없는 이들을 깎아내리고 부유한 사람은 찬양되고 부러움을 살 가치가 있다는 사고방식을 퍼뜨림으로써 사회, 경제, 정치적 힘이 제한된 사람들을 업신여기는 인식을 더욱 강화시킨다.

주 정부 복권은 이제 재산이 없는 사람들을 폄하하고 특권층을 찬양하는 관행을 앞장서서 실천한다. 찰스 디킨스의 《크리스마스 캐럴》에서 스크루지에게 학대받는 직원을 기리는 뜻에서 필자는 이런 관행을 앞으로 '래칫-크랫칫 증후군' 이라고 부르고자 한다. 이 증후군은 특권층을 찬양하는 한편, 일하는 사람들을 고통스러운 사회적, 심리적 모욕의 제물로 만든다. 이 증후군은 동시에 정치적 조직화를 극도로 억제한다. 왜냐하면 일자리, 집, 기타 필수품을 놓고 서로 경쟁할 수밖에 없는 사람들로 하여금 서로 나뉘어 싸우도록 만들기 때문이다.

예나 지금이나 경제적 이해관계가 서로 긴밀히 연결된 사회집단들은 사실은 부스러기에 불과한 것을 놓고 서로 경쟁한다. 또 사람들은 그들 자신의 사회적 지위를 '진짜 열등한' 다른 사람들보다 높이려고 필사적으로 애쓴다. 때때로 이 진짜 열등한 사람들은 민족적 배경, 성적 취향, 또는 성 자체가 자신들과 다른 사람들인 경우가 많다. 억압

받는 사람들은 자신과 마찬가지로 부당한 모욕을 당하는 다른 사회집단과 오히려 거리를 두려고 애쓴다. 이런 태도는 자신들에게 가해지는 억압 속에 숨겨진 가치와 사회제도를 무의식중에 계속 강화시킨다. 홀리 스클러는 이렇게 말한다.

> 불공평한 기회의 악순환이 심해지고 있다. 이런 상황에서 이득을 얻는 이들은, 체계적으로 홀대받고 임금이 가장 적고 일의 기회도 적으며 재정적 지원과 보험혜택을 가장 못 받고 평가도 못 받으며 제대로 대접받지 못하고 망가지는 이들을 자주 비방한다. 이런 사람들은 도덕적 값어치가 없고 밑바닥이며 허약하고 적절한 노동윤리가 결여된 사람들이라는 낙인을 찍는 것이다. 분노하는 중산층은 날로 줄어들고 있으며, 이들 중산층은 경제의 사다리에서 자신보다 더 밑에 머물러 있는 사람들이 자신을 자꾸 밑으로 끌어내리려 한다고 생각하도록 유도된다. 사실은 사다리의 위쪽에 있는 사람이 아래쪽에 있는 사람을 희생시킨 대가로 상승하고 있음에도 말이다. 자신들을 괴롭히는 경제정책을 변혁시키기 위해 함께 힘을 합쳐야 할 사람들이 서로 협력하는 대신 증오한다.[42]

주 정부 복권이 퍼뜨리는 래칫-크랫칫 증후군의 메시지는 이런 잘못된 생각을 확산시킨다. 디킨스의 이야기에서는 크리스마스 전날 밤 유령과 자신의 과거를 돌아본 스크루지가 각성하고 친절해져서 크랫칫에게는 물론 다른 모든 사람들에게도 관대해진다. 그러나 미국민의 삶은 이와 달리 빨리 개선되지는 않을 것이다. 역사가 반복적으로 보

여주었듯이, 사람들의 삶의 질 개선은 투쟁의 나날이 쌓여서 나타나는 결과물이다.[43]

21세기 초에 사회정의를 위한 투쟁을 촉발할 집단적 정치의식은 정부 복권의 또 다른 소외 유발의 측면, 곧 미신과 주술에 의해 더욱 억제되고 있다.

복권, 미신을 부추기다

슈퍼로또 같은 복권 게임은 복권을 사는 사람이 수동적으로 제비뽑기에 참여하도록 하는 데 그치는 게 아니라, 직접 번호를 고르게 함으로써 일종의 참여 공간을 제공한다. 통계적으로 볼 때 각각의 복권 번호가 당첨번호가 될 가능성은 똑같다. 따라서 복권 참여자가 번호 선택을 통해 스스로 당첨의 가능성을 높이는 것은 불가능하다. 하지만 복권 참여자들은 이런 사실을 모르거나, 그저 가능성이 높아진다고 믿는다.

영국의 한 복권 비판자는 "정부의 새로운 복권 정책은 대중이 국영 복권의 통계에 대해 잘 이해하지 못하게 했다"[44]고 말했다. 직접 번호를 고르게 한 조처는 복권 구입자에게 자신이 복권을 통제한다고 느끼게 했고, 복권에 더 많은 사람이 참여하게 했다. 복권을 사는 이들은 온갖 방법을 다 동원해 번호를 고르며, 이때 일종의 미신에 의존하는 일이 잦다. 많은 사람들이 생일이나 기념일의 날짜 또는 꿈에서 본

것을 바탕으로 번호를 고른다.

사람들에게 '행운의 당첨번호'를 선택하도록 도와주는 일이 하나의 산업으로 자라났다. 행운을 잡도록 도와주는 책도 널려있고, 돈을 받고 조언을 해주는 '심령술사와 점쟁이'는 셀 수 없이 많다. 복권 잡지 〈로또월드〉에는 이런 광고까지 등장했다.

당신의 행운의 번호로 바로 연결해드립니다!

로또월드의 심령술사 연결.

심령술사, 점성가, 숫자점성술사들로 구성된 족집게 팀이

3, 4, 5, 6자리 복권 번호와 파워볼 번호를 당신께 제공합니다.

주간 예측치가 우리의 전문가들에 의해 매일 갱신됩니다.

* 분당 1달러 49센트 *[45]

〈로또월드〉의 또 다른 호는 유명한 심령술사인 크레스킨이 복권 용지를 이마에 붙인 모습을 표지에 올렸다.

오하이오주에서는 〈오하이오 일간 숫자 핸드북: 행운의 번호〉라는 1달러 75센트짜리 책자가 행운의 번호를 고르는 방법을 알려주고, 신비스런 전략가가 고른 행운의 번호들을 제시한다. 내용을 일부 따오면 이렇다.

이 사람은 수의 신비를 푸는 데 한 치의 오차도 없는 정확성을 보여준다.
등잔의 냄새에서 영감을 얻는 그는 자기 앞을 지나간 모든 사람들의 꿈을

탐색해서 각각의 의미를 숫자적 의미로 해석해준다. 지난 3000년 동안 꿈을 숫자로 해석해내는 능력을 가진 사람들이 수많은 사람들을 놀라게 했다. 이 '신비스런 전략가'는 인류에 공헌한 수많은 점성술사 가운데 가장 최근 등장한 인물이다.[46]

이름과 별자리별로 각각의 행운 번호를 알려주는 1달러 75센트, 30쪽짜리 소책자인 〈적중, 복권 책〉 1995년 7월호에는 이런 이야기가 나온다.

뉴올리언스에서 | 완전히 망가진 어머니 미미 딜라는 유명한 부두교 사제인 마리 라보의 무덤에서 기도를 드린 지 이틀 만에 200만 달러의 복권에 당첨됐다.

"나는 완전히 절망적인 상태였어요. 남편이 지난해 숨겼는데 남겨준 것이라고는 갚아야할 빚 문서뿐이었죠. 3명의 아이들을 키우는 것 자체가 투쟁이었어요. 그런데 뉴올리언스에 있는 내 친구가 나에게 마리 라보의 무덤을 찾아가 보자고 제안했죠."

이 운명적인 여행을 하고 이틀 후, 이 여성은 여러 주 정부가 공동으로 실시한 200만 달러짜리 복권에 당첨됐다. 아직도 얼떨떨함에서 벗어나지 못한 이 여성은 "마리가 어떻게 했는지 모르겠어요. 하지만 마리를 성녀로 인정해야 한다고 생각해요"라고 말했다.[47]

이처럼 경제적 안정을 이루기 위해 미신에 의존하게 하는 경향은

단지 정부 복권 정책의 부산물만이 아니다. 클로트펠터와 쿡은 이렇
게 지적한다.

> 복권업자들은 고객이 복권을 고르는 데 유용한 정보를 제공하는 것이 아
> 니다. 그들은 숫자 그 자체가 중요하다는 잘못된 생각을 없애기는커녕 오
> 히려 부추긴다. 온라인 게임은 대부분 무작위로 번호를 고를 수 있는 기능
> 을 추가했다. 하지만 게임 참가자들이 자신에게 행운을 가져다준다고 믿
> 는 번호에 집착하게 만드는 행태는 여전하다.[48]

많은 주들은 여전히 "당신의 행운의 번호에 걸라"고 부추긴다. 이
런 권유는 어떤 초자연적인 힘이 그들의 경제적 운명을 결정할 수 있
다는 생각을 강화시킴으로써 소외를 조장한다.

아마 오늘날의 미신에 대한 의존은 이미 충분히 예상이 가능했던
일일지도 모른다. 전 세계에서 가장 부유한 축에 들고 과학도 가장 발
달한 미국이라는 나라에서 의식주를 해결하기 위해 사람들이 겪는 고
통은 어떤 측면에서는 미신과 주술에 의존하던 선조들의 고통과 비슷
하다.

생존에 필요한 수확을 위해 날씨에 의존하던 원시사회에서 사람들
은 자신들이 통제하지 못하는 날씨와 환경에 영향을 끼치기 위해 다
양한 주술을 사용했다. 어찌할 수 없는 상황에서 그들은 초자연적이
고 영적인 힘에 호소하는 다양한 의식을 벌였으며, 이는 자신의 운명
을 약간이나마 통제할 수 있다는 환상을 불러일으켰다.

과학과 기술이 등장하면서 인류는 우리 삶에 영향을 끼치는 힘들을 상당히 통제할 수 있게 됐다. 과학지식이 확대되는 것을 보면서 많은 사람들은 주술과 미신은 불합리하고 기만적이며 시대착오적인 것이라고 여겼다.

하지만 20세기 말에도 여전히 주술과 미신이 넘쳐난다. 수많은 사람들이 불확실한 경제 현실을 겪고 있는 지금 상황에서는 초자연적인 것에 의존하는 현상이 그저 놀랄 일만은 아니다. 애를 써서 일자리와 집과 의료보험을 확보해 놓았어도 경제 체제는 자연의 변덕스런 행태와 같이 그것들을 순간에 빼앗아갈 수 있으며, 이런 경제 체제로부터 사람들은 소외돼 있다.

사람들은 날씨를 어쩌지 못하는 것과 똑같이 기업합병, 인력감축, 공장이전 등에 대한 기업의 결정을 그저 바라만 볼 뿐이다. 어떤 사람들은 몇 세기 전 사람들과 다름없이 주술과 미신에 의지함으로써 이런 의존감과 불안감을 완화하고, 다소나마 자신이 통제력을 발휘하고 있다고 느낀다.

주 정부들의 부추김 때문에 수백만 명이 오늘도 경제적 안정과 타인의 존경을 가져다줄 모호한 행운의 번호를 찾으려 애쓰고 있다. 20세기 말에도 미신이 필요하고, 정부가 이런 미신을 부추긴다는 사실은 미국의 정치경제 정책의 합리성과 윤리에 대해 심각한 의문을 제기하게 한다.

후기

이 책을 쓰는 과정에서 〈로또월드〉와 〈오하이오 일간 숫자 핸드북: 행운의 번호〉 〈적중, 복권 책〉을 사기 위해 편의점에 간 적이 있다. 카운터 뒤에서 일하는 여성이 복권에 당첨되고 싶어서 이 책을 사냐고 물었다. 나는 복권을 연구하는 중이며, 이런 책들에 담겨있는 조언과 정보는 엉터리라고 말했다. 그러나 그 여성은 자신은 이런 책자에 나온 내용에 따라 자신의 별자리와 연결된 행운의 번호를 고르곤 한다고 말했다. 그래봐야 복권에 당첨될 확률이 올라가지는 않을 것이라고 대꾸하자 그 여성은 "다른 사람들 못지않게 당첨의 기회를 가져봤다"고 말했다.

되돌아보면 이 대화에서 내가 한 말은 자신이 통제력을 발휘하고 있다는 이 여성의 생각에 도전하는 것이었고, 그는 충분히 예상할 수 있는 방식으로 대응했다. 그 여성의 대응은 허버트 마르쿠제가 제시한 20세기의 체제 정당화 및 사회통제 이론을 증명하는 것이다. 과거의 부당한 체제에서는 때때로 사람들이 설득력이 없는 이데올로기를 거부하고 특권층의 힘에 도전하는 반란을 시도했고, 군대가 그들을 물리쳤다. 하지만 20세기 말 자본주의 사회에는 체제에 도전하는 행동이 거의 존재하지 않는다. 1969년에 마르쿠제는 다음과 같은 의문에 대해 숙고했다.

어떻게 하면 개인이 다른 사람들을 해치지 않으면서 자신의 필요를 만족시킬 수 있는가라는 질문은 더 이상 존재할 수 없다. 지금 가능한 질문은, 어떻게 하면 자신이 다치지 않으면서, 그리고 열망의 성취를 위해 노예가 될 것을 요구하는 착취기구에 더 이상 의존하지 않으면서 필요를 충족시킬 수 있을까 하는 것이다.[49]

당시 마르쿠제가 한 사색은 정부 복권이 판치고 있는 오늘날의 미국에 훨씬 더 잘 어울린다. 자신의 희망과 꿈의 일부를 복권에 걸고 있음이 분명한 편의점 여성처럼 지금 수백만 명이 기존 질서에 새로운 귀속감을 느낀다.

그들에게 기존 질서란 백만장자가 될 가능성이다. 성공하는 사람은 극소수뿐이지만, 나머지 대부분이 '장기적이고 일반적이며 합리적인 이익'을 추구하는 것을 막기 위해 군대를 동원할 필요는 없다. 정부가 부추기는 복권 열풍과 맞물린 보수적인 사회화가, 극소수에게만 부유함을 제공하고 나머지 많은 사람들에게는 고통과 불안만 안겨주는 체제에 대한 사람들의 충성을 보장하기 때문이다.

변화의 걸림돌, 복권

5장 | 변화의 걸림돌, 복권

나는 모든 역사가 경제용어로 설명될 수도, 설명돼야 하는 것도 아니라고 믿어왔다. 하지만 사회가 거대한 변혁의 소용돌이에 빠지면서 경제적 힘들이 다른 어떤 힘들보다 더 앞서고 근본적이며 사건을 더 잘 설명할 수 있을지도 모른다는 느낌이 들기 시작했고, 지금도 그렇게 느낀다.

– 찰스 A. 비어드[1]

루이스 해머드가 복권을 소지했다는 이유로 체포된 때로부터 40년이 지났다. 이 기간에 복권은 법적인 지위를 회복했고 이미지도 되찾았다. 복권은 이제 사회경제적 풍경에 공통적인 요소가 됐다. 정부의 복권 판촉과 복권 추첨 결과가 신문과 텔레비전 뉴스 프로그램의 일상적인 소재로 자리 잡은 문화 속에서는 복권을 비판하려는 사람들이 침묵해야 했다.

정부가 시행하는 복권을 용인하고 수용하는 문화적 태도는 복권이 해롭지 않으며 공교육을 지원할 자금을 마련해주는 오락이라는 신념을 바탕으로 한 것이다. 그리고 많은 이들, 특히 소득과 교육 수준이 낮은 이들은 복권이 자신의 꿈을 실현시켜줄 가능성이 가장 높은 수단이라고 믿고 있다.

만약 우리 사회가 양식이 있는 시민들을 육성하고, 사람들이 매몰돼 있는 조작된 현실의 역사, 정치, 경제적 토대를 겉으로 드러냈더라면 많은 사람들이 복권을 지금과는 사뭇 다르게 봤을 것이다. 그러나 마르크스와 그의 후대 학자들이 지적했듯이 부와 소득분배의 격차를 특징으로 하는 사회는 그런 일을 하지 않는다. 그래서 사회구조적 장치와 개인 문제의 상관관계를 파악할 기회를 갖지 못하고 그런 능력도 결여된 많은 사람들은 시대와 문화에 포로로 잡혀 있는 상태에서 벗어나지 못하고 있다. 이는 경험이나 기회의 측면에서만이 아니라 의식 측면에서도 마찬가지다. 작고한 칼 세이건은 1978년에 이렇게 썼다. "우리 아이들은 대부분 자신들이 질문을 구성할 기회를 갖기도 전에 답을 배웠다."[2]

앞 장에서 전개한 기본 요점 중 하나는 물질적, 경제적 환경이 사회에서 일어나는 일들에 강한 영향력을 행사한다는 점이다. 우리는 경제 체제가 봉건제에서 자본주의로 바뀌면서 복권이 자본창출의 도구로 쓰였고, 그와 더불어 사회적 해체가 일어났음을 살펴봤다. 초창기 복권에 가장 매달린 이들은 노동하는 사람들이었다. 초기 자본주의의 팽창과 낭비를 뒷받침하기 위해, 안전과 행복을 향한 그들의 꿈에 세금이 부과됐다. 19세기 미국에서는 복권이 윤리적 비난을 받으면서도 자본창출에 필요하지 않게 될 때까지 계속 유지됐다.

한때 복권이 다시 불법이 되기는 했지만, 경제적 착취와 불공정은 20세기에도 변치 않고 지속됐고 많은 이들이 자본주의 자체에 반대하는 목소리를 냈다. 노조와 인권운동, 수많은 개혁가와 혁명가들이 압력을 가한 덕분에 20세기 초에는 자산 분배가 다소 변화했다. 최악의 착취행위 중 일부는 개선됐고, 최소보장 프로그램이 도입돼 사람들이 완전한 절망 상태에 빠지는 것을 막았다. 하지만 전 세계적인 경제 경쟁의 시대가 도래 하면서 그 전에 채택됐던 많은 개혁조처들이 다시 사라지거나 그 범위와 지원 규모가 줄어들었다. 이런 시대의 도래가 개인주의와 자구노력을 강조하는 사회정책을 다시 불러들였기 때문이다.

과거의 엄격한 개인주의가 다시 강조되는 분위기가 형성됐다. 한때 대부분의 사람들이 자영업을 하던 사회가 자신의 경제적 운명을 스스로 통제할 여지가 없는 월급쟁이 위주의 사회로 바뀌었기에 이런 분위기는 더욱 가혹했다. 동시에 새로운 경제 질서가 등장하고 자동화, 탈공업화, 자본의 해외도피, 기업 인수합병, 조직축소의 경향이 나타나면서 수백만 명의 노동자들에게는 고소득 취업기회가 크게 줄었다. 자신이 편안한 중산층이라고 믿던 수많은 사람들과 마찬가지로, 가난하고 경제적으로 주변부로 내밀린 사람들도 경제적, 구조적 환경의 희생자가 됐다. 그들의 선조가 초기 자본주의의 바퀴에 갇히고 말았던 상황과 별반 다르지 않다. 게다가 과거의 사람들과 마찬가지로 오늘의 사람들도 복권을 통해 구원받고 싶어 한다.

　부를 장악한 이들의 이익을 위해 사회적 병폐의 책임은 다른 사람들, 특히 가치를 인정받지 못하고 자신을 방어할 힘도 약한 사람들에게 떠넘겨졌다. 희생자를 도리어 탓하는 이런 전술은 현대 미국에서 극성을 부리고 있으며, 20세기 초에 나타났던 집단적 사회정의 촉구 운동이 다시 일어나는 것을 막는 데 기여하고 있다.

　게다가 인종주의, 남녀차별, 계급주의, 기타 사회를 지배하는 이데올로기들이 지속적인 경제적 불확실성과 불안전성 때문에 더욱 기승을 부리고 있다. 엘리트층이 의도적으로 획책한 것은 아닐지라도, 이런 편견들은 의문의 여지없이 경제적 문제를 대신 짊어질 희생양을 만들어내고, 그냥 놔두었다면 단결해 기존 질서에 도전했을 대다수 시민들이 서로 분열을 일으키고 경쟁하게 만듦으로써 기존질서를 유지하는 데 기여한다.

　부유함의 중요성과 가치가 대중 앞에 과시되고, 가난한 이들은 매일같이 헐뜯긴다. 그 결과 빈곤과 박탈을 경험하는 수많은 사람들이 자신의 주변 환경을 개인적인 문제로 여기고, 심지어 자신에게는 그런 환경이 적격이라고까지 생각한다. 가족, 학교, 교회, 대중매체, 동료, 국가가 전하는 메시지는 이런 상태를 자연스러운 것으로 인식하게 하고, 이런 인식을 정당화한다.

　그래서 복권은 기존 사회의 상부구조에 딱 맞아떨어진다. 한때는 온통 대중의 비난거리로 여겨지던 복권이 이제는 문화적 아이콘과 이념으로 포장된 채 다시 등장해 팔리고 받아들여진다. 복권은 경제적으로 주변부에 처한 이들과 경제적 불안감에 사로잡힌 이들을 위한 기회라고 선전된다. 복권 판촉행위는 노동의 가치를 깎아내리고 부유함을 찬양한다. 사람들이 맞닥뜨리는 문제들 가운데 상당수의 진짜 원인은 부의 과도한 집중에 있으나, 사람들이 이에 관심을 기울이지 못하게 만든다.

복권 판촉을 하는 사람들은 특권층에 낄 수 있는 기회에 운을 걸어보라고 대중의 등을 떠민다. 본질을 따지자면 '모든 주사위 놀이의 어머니'인 자본주의의 참여자가 되라는 권유가 저소득층과 중산층에 퍼부어지는 것이다. 그런데 이들은 주식시장이나 1차산품 선물시장의 도박에 참여할 만한 밑천은 없다. 그래서 자신의 소득에서 일정한 금액을 1934년 〈크리스천 센추리〉가 "가장 잔인한 방식의 돈 장난"[3]이라고 표현한 것에 걸고 있다. 게다가 소득 중에서 이렇게 거는 돈의 비중은 커져만 간다.

금융시장 등 각종 자본주의 기구에 참여하는 것이 겉으로 보이는 것처럼 그렇게 엄청난 도박은 아니라는 사실을 대부분의 사람들은 깨닫지 못한다. 이런 게임은 잘 조직돼 있기 때문에 위험은 최소한에 불과하고, 문제가 생기면 공적 자금이 긴급히 투입되기도 하기 때문에 안전이 보장되는 게임이다. 반면 복권의 경우는 그 판촉에 나서는 사람들이 미신과 주술을 부추기기 때문에 사회적 소외 문제가 더 심각하다. 각성하고 물정에 밝은, 행동하는 다수가 등장한다면 힘 있는 계층도 위협을 받겠지만, 복권은 이런 상황이 벌어지는 것을 막는 데 힘을 보탠다.

정부가 자본주의를 지키고 확장시키며, 체제에 내재하는 격차를 정당화하는 세력들을 돕는 구실을 한다는 사실을 우리는 이미 확인했다. 정부의 이런 구실은 감춰져 있어 사람들의 눈에 분명히 보이지 않는다. 정부는 현대 사회에서 아주 복잡한 여러 가지 기능을 맡기 때문이다. 거의 모든 사람이 정부의 활동으로부터 어떤 식으로든 이익을 얻는다. 물론 정부의 유용하고 이로운 활동이라는 것은 부자들의 이익을 정당화하고 보호하며 증대시켜주기 위한 전체 계획 아래 실시되는 것이긴 하지만 말이다.

앞에서 이미 살펴봤듯이 연방 정부의 정책은 주 정부들의 재정위기를 촉발했고, 새로운 세계질서 속에서 이윤 축적을 촉진하는 연방 정부의 행태로 인해 대중의 복권 수요는 늘어났다. 세법개정, 규제완화, 후한 정부 보조금이 기업의 합병과 해외이전을 촉진했고, 정부와 노동자들에 대한 기업의 교섭능력을 강화시켰다. 기업에는 친화적이지만 시민사회와 공동체에는 재앙일 뿐인 주위 여건 속에서 주 정부들은 공적 재원 조달의 수단으로서 복권에 눈을 돌렸다. 그렇다고 해서 제 이익만 추구하는 복권 관련 업계가 주 정부를 지원한 것도 아니었다. 주 정부의 복권 재도입 결정은 경제적 환경 때문에 이뤄진 것이지, 경제적으로 주변부에 밀려난 이들이나 빈민층에 해를 끼치려는 의도나 음모에서 이뤄진 것은 아니다. 찰스 호튼 쿨리는 이렇게 지적했다.

사회에 해악을 끼치는 잘못된 일들은 어떤 개인이나 집단에서 의도적으로 꾀한 것이라기보다는 다른 목적을 위한 어떤 의식적인 행동에 따른 부산

물일 경우가 많다. 누군가 말했듯이, 이런 해악은 주먹을 쓴 결과라기보다
는 팔꿈치로 이뤄진다.[4]

정리해 말하자면 복권은 도박과 미신을 부추기는 역진세로, 어린
학생들에게 이로운 것인 양 선전되지만 사실은 그렇지 않으며, 부유
층의 이기적인 정책이 낳은 경제적 궁핍 때문에 정부가 도입한 것이
라고 할 수 있다.

주 정부 복권사업에 대한 이런 비판적이고 노골적인 시각은 미국을
부당하게 비난하는 것이라고 주장하는 사람들도 있을 것이다. 이런
이들은 다른 많은 서구 민주주의 국가들도 정부가 복권을 허용하고
있다고 지적한다. 다른 모든 서구 산업국가들도 자본주의 국가들이
며, 따라서 자산 분배상 격차가 존재한다.

하지만 미국 시민들이 20세기 말 자본주의의 역학관계 때문에 겪는
고통은 다른 서구 국가 시민들보다 큰 듯하다. 예를 들면 '정치경제학
연구 공동센터' 가 1991년에 실시한 연구 결과를 보면 "미국에 빈곤이
더 만연해 있고, 빈곤에 대한 미국의 대처 능력이 다른 주요 서구 산
업 민주주의 국가들보다 떨어진다"[5]는 것이다. 캐나다, 영국, 서독, 네
덜란드, 프랑스, 이탈리아, 스웨덴과 비교할 때 미국에 빈곤이 훨씬
더 광범하게 퍼져있으며, 빈곤의 정도도 더 심한 것으로 드러났다. 또
자녀가 있는 가정의 빈곤을 해결하는 능력 면에서도 미국 정부의 복
지사업 수준이 가장 뒤진다. 이 연구는 미국이 "상당수 빈곤층에게 소
득보장을 해주지 못하는"[6] 유일한 서구 민주주의 국가임을 밝혀냈다.

1995년에 선진국들의 빈부격차 실태에 대한 비교조사도 다음과 같은 사실을 확인했다.

> 미국에서 부와 소득의 집중화가 심해지는 현상은 이 나라의 자화상의 소중한 부분에 타격을 주는 것이다. 이런 현상은 미국이 평등한 사회이기는커녕 선진국들 가운데 경제적으로 가장 계급화된 나라가 됐음을 보여준다. 빈부격차가 봉건시대까지 거슬러 올라가는 나라인 영국 같은 계급사회조차 지금은 미국보다 경제적으로 훨씬 공평하다.[7]

이 조사는 또 미국 가정들 가운데 가장 잘사는 1%가 전체 부의 40%를 장악하고 있음을 밝혀냈다. 이런 비율은 서유럽에서 가장 불공평한 나라인 영국보다도 두 배나 높은 것이다. 독일의 경우 고소득 가정은 저소득 가정보다 2.5배를 더 버는 정도이며, 이 차이는 날로 작아지고 있다. 이와 달리 미국의 고소득 가정은 저소득 가정보다 4배 이상 더 벌고, 그 차이는 갈수록 커지고 있다.[8] 이 조사에 자극받은 〈뉴욕타임스〉는 사설에서 "과도한 불평등은 사회 밑바닥에 갇혀있는 이들의 정신을 망가뜨리고 사회에 긴장을 고조시킬 수 있다"[9]고 지적했다.

미국의 사회복지 지출이 다른 나라에 한참 뒤진다는 사실은, 그렇지 않아도 상대적으로 더 심한 미국의 빈곤과 경제적 격차를 더욱 심각하게 만든다. 미국은 국민소득에서 차지하는 복지예산의 비율로 볼 때 네덜란드, 프랑스, 스웨덴, 이탈리아 등 15개 국가들보다 한참 뒤진다.[10] 산업화한 다른 63개 국가들과 달리 미국만 유일하게 빈곤가정 전체를 대상으로 하는 소득보장 사업을 시행하지 않고 있다. 아울러 모든 시민들에게 포괄적인 국영 의료보험을 제공하지 않는 유일한 서구 민주주의 국가이기도 하다.[11]

복권을 허가한 모든 나라들은 복권 자체의 불공평과 복권이 유발하는 문제들 때문에 비난받을 수밖에 없다. 특히 미국에서는 복권의 확산이 더 큰 문제가 된다. 대부분의 모든 선진국들보다 훨씬 심한 미국의 궁핍과 경제적 불안이 복권에 대한 소비자들의 수요에 기름을 붓고 있기 때문이다.

미국의 복권을 꼼꼼히 따져봐야 할 또 다른 이유는 전 세계 복권 판매규모를 보면 깨닫게 된다. 1998년 전 세계 복권 판매액에서 미국이 차지하는 비중은 34%였다.[12] 미국에서 유독 복권이 많이 팔리는 것은 주 정부들이 심각한 복권 열풍을 불러일으키고 있다는 점과, 전 세계 어느 선진국도 겪지 못한 심각한 경제적 불안 상태에서 탈출하고자 하는 사람들이 많다는 점 때문이다.

빈곤층을 상대로 한 새로운 전쟁

불행하게도 주 정부 복권의 재등장을 재촉한 경제적, 정치적 힘은 1990년대에 약화되지 않고 오히려 더 강해졌으며, 이에 따라 복권 판매가 계속 늘어나고 있다. 빌 클린턴은 국내 문제에 대한 새로운 접근을 강조하는 정책을 내세워 대통령에 당선됐지만, 그가 제안한 조심스런 개혁안은 보수세력이 장악한 의회에서 저지됐다.

1994년, 공화당이 의회를 장악하자 뉴트 깅리치가 하원 의장이 됐다. 그는 널리 알려진 '미국과의 계약'이라는 말로 요약되는 선거공약을 내세우고 이를 추진하려 했다. 다른 선진국들과 비교해 볼 때 미국의 복지예산 비중이 극히 낮음에도 불구하고 공화당은 저소득층에 더 엄격해지자는 공약을 내세운 것이다. 빈민에 대한 잘못된 개념과 신화를 토대로 움직이던 의회는 복지수혜 자격을 훨씬 엄격하게 바꾸는 동시에 복지예산 규모도 줄였다. 홀리 스클러는 이렇게 지적했다.

우파의 궁극적 목표는 복지를 완전히 없애고, 교도소와 고아원 정도를 제외하고는 복지를 대체할 수단을 전혀 마련하지 않겠다는 것이다. 대체 수단도 없이 복지를 해체하자는 이런 방안은 기아와 노숙, 범죄의 증가를 유발할 것이다. 아울러 고통 받는 여성들을 위한 운동가들이 경고하듯이 매맞고 죽임을 당하는 여성들과 어린이들이 피난처를 찾기가 훨씬 더 어려워질 것임이 분명하다.[13]

게다가 1990년대 초부터 공화당이 주장한 '미국과의 계약' 지지자들은 보조 사회보장 소득(SSI)까지 줄였다. 이는 노인과 장애인들을 지원하고 어린이와 임신 또는 육아 중인 여성들에게 식품교환권과 영양분을 공급하며 주거 지원금과 학자금 대출, 취업교육을 제공하는 복지 프로그램이었다. 이와 관련해 비판자들은 공화당의 '미국과의

'계약'이라는 구호를 '미국에 대한 계약'이라고 조롱했다.

공화당의 정책 담당자들은 새로운 세금 혜택과 기업규제 완화로 부자들에게 더 많은 자산이 흘러가게 만들었다. 많은 미국인들의 건강과 복지에 직결되는 환경 규제, 의료 관련 연구, 식품검사와 같은 정책과 사업들은 잇따라 축소됐다.[14] 이런 작업이 벌어지는 10년 동안 미국 내 수감자 수가 두 배까지 늘어난 것은 어쩌면 당연했다. 수감자 수는 1997년에 170만 명에 이르렀고, 그 후에도 계속 증가추세를 보였다.[15]

연방 정부가 지속적으로 부유층의 이익을 옹호하는 조처를 취하자 자본집중이 심화하는 현상이 나타났다. 거대한 기업합병이 특히 거대 금융기관들 사이에서 활발히 이뤄졌고, 그 와중에 힘 있는 사람들과 그들의 추종자들이 만들어낸 전 세계 경제 질서에 관한 새로운 규칙들, 즉 북미자유무역지대(NAFTA)와 세계무역기구(WTO)가 미국과 전 세계의 수많은 사람들로 하여금 불길한 징조를 느끼게 했다. 이런 추세들은 대부분 미국 내 복권 판매액을 증가시키는 데 분명하게 기여했으며 앞으로도 그럴 것이다.

19세기의 복권이 그랬듯이 현재의 복권도 결국 대중이 싫어하게 될까? 현재의 복권은 19세기 복권의 바탕을 허문 부패와 부정에 쉽게 굴복하지 않을 것이다. 비리와 조작이 어느 정도 나타날 수는 있겠지만, 현재 설치돼 있는 안전장치들은 부정이 광범하게 퍼지는 것을 막아줄 것이다.

예를 들어 복권이라는 세원에 중독돼 복권에 많은 것을 걸고 있는 주 정부들이 부패가 퍼지는 것을 그냥 두고 보지는 않을 것이다. 복권이 지속되는 데 위협이 될 만한 것이 하나 있다면, 그것은 복권 판매액이 주기적으로 감소한다는 점이다. 정치적 보수주의와 종교적인 이유로 복권을 비판하는 이들은 복권 판매량의 감소를 기회로 복권 폐지 요구를 제기할 것이다.

이런 상황은 실제로 1998년 애리조나주에서 발생했다. 애리조나주 의회는 복권을 주기적으로 검토하고 재승인하는데, 당시 복권은 1999년 7월 1일에 끝날 예정이었다. 복권 담당자들은 복권의 판매가 정체되고 복권이 대중의 흥미를 새롭게 유발하지 못한다는 어려운 상황에 직면했다. 참고로, 1996년 복권 판매액은 약 2억 5900만 달러로 주 정부 세수의 1%에도 미치지 못했다. 정치적 보수주의자들은 복권 재검토 시기에 맞춰 복권 판매가 저조하다는 점과 복권이 노동윤리에 끼치는 악영향의 문제를 내세우면서 복권의 폐지를 요구했다.

애리조나주 의회는 복권사업을 5년 더 연장할 것인지를 주민투표로 결정하기로 했다. 표면상으로는 민주적인 것 같은 이런 절차는 사실 위장일 뿐이었다. 주 의원들은 여전히 대중이 복권을 지지한다는 점을 잘 알고 있었다. 1990년대 말의 미국 경제상황은 투자자들과 부유층에게는 아주 좋았지만, 이런 상황은 복권을 여전히 자신의 꿈을 실현할 도구로 생각하는 많은 이들을 희생시킨 결과였다. 그러나 1998년 11월에 실시된 투표에서 주민들은 66.8% 대 32.2%의 압도적인 차이로 복권을 2003년 7월 1일까지 계속 유지하기로 결정했다.

한때 복권에 대해 종교에 근거한 전통적 저항이 심하던 지역에서조차 복권에 대한 대중의 지지가 확대되는 추세다. 앨라배마주와 사우스캐롤라이나주에서 복권이 막 재도입되기 직전 상황이 바로 그랬다. 그러니 복권이 대중에 의해 곧 거부당할 것 같지는 않지만, 도박과 관련된 문제점, 특히 도박 중독증은 정부에 대해 대응하는 시늉이라도 하도록 요구할 요소가 될 것이다. 물론 자본주의 국가에서 사회 문제에 대한 대응이란 가능한 한 미미한 수준에 그치거나 문제를 그냥 방치하는 경우가 대부분이다. 이와 관련된 절묘한 기교를 보여주는 나라는 다름 아닌 영국과 미국이다. 이들 두 나라 정부로 하여금 복권을 비롯한 각종 도박에 대해 재검토에 나서도록 강제하는 세력은 정치적 좌파가 아니라 조직화된 종교 단체다.

영국에서는 각 교회 종파의 지도자들이 복권에 대해 "대중의 문화를 훼손한다"고 지속적으로 비난하고 있으며, 최근의 복권 관련 비리를 기화로 즉석복권을 없애고 당첨금의 상한을 100만 파운드로 제한하는 등의 개혁을 요구했다. 하지만 1997년 자유주의적인 노동당이 의회를 장악했음에도 영국 정부는 스티븐 호킹이 "비열하며 너저분한" 것이라고 비난한 복권사업을 실질적으로 줄일 태도를 보이지 않았다.

영국 노동당은 정부의 경제적 결정권을 약화시키는 세계무역기구 정책 등 21세기 세계 자본주의의 요구에 속박됐고, 국내적으로 심각한 불평등 문제에 직면해 있었으며, 다른 유럽 국가들에도 복권이 존재한다는 사실에 고무됐다. 이로 인해 노동당은 개혁을 완만한 정도로만 추진할 수 있었다. 현실적으로도 복권에 대한 의존도가 워낙 큰

데다가 다른 공공예산 확충 방안은 너무나 먼 이야기였기 때문이었다. 한 영국 정부 관리는 복권에 대해 "영국이 스스로 재생할 수 있는 최대의 기회"[16]라고 말하기까지 했다.

노동당은 말로는 대중의 이익에 이바지할 실질적인 변화를 추진한다고 주장한 것과는 반대로 명목에 불과한 개혁만을 추진했고, 실제로 1998년에 의회를 장악하게 되자 완만한 개혁안들만을 법제화했다. 노동당이 복권 제도의 개혁을 추진하면서, 바뀐 후의 복권을 '민중의 복권'이라고 부른 것은 노동당 개혁노력의 한계를 보여줬다. 노동당의 개혁안은 2001년까지 복권 관리주체를 1994년 정부와 관리계약을 맺은 영리 컨소시엄에서 비영리 조직으로 바꾸고, 복권 수입 배정의 투명성을 높인다는 내용을 담고 있었다. 아울러 착취적이거나 조작성이 있는 복권 광고를 줄이기 위한 새로운 규제대책을 마련하고. 연소자들의 복권 접촉을 억제하기 위한 노력을 펼친다는 내용도 들어 있었다.

노동당은 말은 개혁이라고 했지만 실제로는 복권 수익의 용도에 몇 가지를 더 추가함으로써, 복권에 대한 공공사업의 의존도를 더욱 높였다. 과거에는 정부의 복권 수익이 5가지 선한 목적, 다시 말해 예술, 자선, 지역 스포츠위원회, 역사 보존을 위한 문화재 기금 확충, 새 천년 기념사업 자금 마련에 쓰였다. 그런데 노동당은 여기에 6번째의 선한 목적, 즉 '건강, 교육, 환경을 위한 기금 조성'을 추가했다.

복권을 비판하는 이들은 애초의 5가지 선한 목적이라는 것은 원래부터 영국에서는 정부가 예산을 잘 지원하지 않는 분야들이었기 때문

에 미국에서 문제가 됐던 것과 같은 회계상 대체 현상의 발생은 피할
수 있었다고 지적했다. 하지만 복권으로 얻은 수익을 건강, 교육, 환
경 예산으로 쓰기로 함으로써 복권 수익이 기존 예산을 단순히 대체
하는 길이 열렸다. 노동당은 복권이 선한 목적을 뒷받침하며 각 지방
정부의 사업에도 복권으로 조성된 자금을 지원한다고 선언함으로써
영국 복권의 이미지 개선 작업을 했을 뿐이다. 그 결과 노동당의 개혁
은 복권에 대한 비판론을 억제하면서 대중의 지지를 강화시켰고, 그
대신 역진세의 문제와 그에 따른 사회문제를 지속시켰다.

이와 유사하게 미국에서도 복권과 도박에 대한 종교적인 비난은 표
면적으로는 보수주의자들인 공화당이 지배하는 의회의 지지를 받았
다. 그래서 1996년 도박의 사회적 의미를 조사할 '국립 복권영향 연
구위원회'가 구성됐다. 영국 정부처럼 미국 정부도 수십억 달러에 이
르는 복권산업을 여전히 뒷받침하면서도, 복권 중독증에 대한 문제
제기에 대해서는 대답을 해야 했고, 일부 대답을 하는 듯도 했다. 이
위원회의 위원 9명은 자신들의 명예를 걸고 복권과 기타 도박이 미국
사회에 끼치는 영향을 진지하게 따졌다.

1999년 6월에 나온 이 위원회의 보고서는 도박에 반대하는 주장들
가운데 상당 부분을 지지했다. 보고서는 특히 주 정부들이 도박의 "열
렬한 공급자"[17]가 되어 복권이 미국에서 가장 확산된 도박이 되게 만
들었다고 지적함으로써, 주 정부 복권 담당자들을 몸 둘 바 모르게 만
들었다. 위원회는 정부 복권이 "의도적으로 가장 못사는 시민들을 공
략대상으로 삼아 공격적이고 잘못된 생각을 주입시키는 광고를 해댐

으로써 그들이 몇 푼 안 되는 소득을 도박에 걸게 만들고 있다"[18]는 비판자들의 주장을 지지했다.

보고서는 또 복권의 이런 잘못된 경향이 젊은층 사이에 도박을 번지게 한다는 점, 복권이 도박 중독증이라는 날로 심각해지고 있는 사회문제의 중요한 원인이라는 점, 주 의회를 상대로 한 복권업계 로비스트들의 영향이 지닌 문제점 등을 지적했다.

그러나 이 보고서는 복권과 기타 도박이 예산의 조성과 경제발전의 도구로 다시 떠오르도록 재촉한 지난 25년 동안의 경제적, 정치적 사건들에 대해서는 전혀 언급하지 않았다. 보고서는 복권의 피해자들을 오히려 꾸짖은 단 하나의 문장에서 "시민들이 공공서비스의 확대와 그 질의 개선을 계속 요구하면서도 동시에 세금에 강하게 저항하는 것"[19]이 주 정부 복권의 성장 원인이 됐다고 주장했다. 게다가 위원회는 경제개발 수단으로서 복권이 지닌 측면을 찬양함으로써 다른 비판들을 무색하게 만들었다. 다음 문장이 단적인 예다.

하품이 날만한 한적한 시골이 하룻밤 사이에 대도시가 됐다. 한때 활력 없는 관광지였던 해변에 고층빌딩이 서고, 수많은 직원들은 카지노가 자신과 가족들에게 가져다준 희망과 기회에 대해 증언한다. 몇몇 인디언 지역은 기나긴 무시와 박탈에서 벗어나 갑작스런 풍요를 얻었다.[20]

위원회는 대통령과 의회에 몇 가지 권고안을 냈다. 그러나 영국에서와 마찬가지로 이 건의안은 도박 중독증을 줄이고 도박 중독증 환

자에 대한 치료방안을 마련하는 데 초점을 맞추는 데 그쳤다. 위원회
는 개별 주 정부가 스스로에 대한 규제를 가장 잘 할 수 있다고 주장
하면서, 착취적인 성격의 광고를 줄이고 연소자가 복권을 접촉하지
못하도록 대책을 제안했다. 다시 한번 정부의 지원 아래 어려운 경제
상황이 공정과 정의를 요구하는 도덕적 호소를 밀어낸 셈이다.

　좌파 쪽의 비판, 특히 복권의 역진세적 특성에 대한 비판은 영국과
미국에서 논쟁의 전면에 등장하지 못했다. 앞으로 좌파들에게 중요한
것은 복권의 미래에 대해, 불공평한 과세체제에 대해, 그리고 자산분
배의 불평등에 대해 미국에서뿐 아니라 전 세계적으로 논의를 촉발하
는 것이다.

　경제적 어려움과 불안이 커질수록 사람들은 경제적 안정이라는 꿈
이 500만 분의 1에 불과한 복권 당첨 가능성(영국에서는 이 확률이
1400만 분의 1에 불과하다)에 의해서가 아니라 전체의 이익을 보장하
는 사회정책의 확립을 통해서 가장 잘 실현될 것이라는 주장에 마음
을 더 많이 열 것이다. 대중은 경제 민주주의 운동만이 좀더 공정한
세금제도와 적정한 임금, 모두를 위한 보건제도, 적절하고 풍요로운
주거, 모든 어린이들을 위한 질 좋은 초중등 교육을 실현시키고, 기존
사회제도에서 시급히 고쳐야 할 것들을 고치게 할 수 있다는 점을 이
해해야 한다.

　좌파의 주된 과제들 가운데 하나는 현상유지 세력이 압도적인 우위
를 점하고 있는 상황에서 효과적으로 질문을 제기하고 체제를 바꾸는
길을 찾는 것이다. 지금 권리를 박탈당하고 주변부로 밀려난 이들에

게 잘못된 희망을 주고 부를 꿈꾸게 하는 효과를 지닌 복권은 기존 사회질서를 보강하고 사회정의를 위한 투쟁을 더욱 어렵게 만들고 있다는 점이 주목돼야 한다.

우리가 봐온 것처럼 좌파에게 유리한 한 가지 사실은 저소득층이 부유한 이들보다 체제유지 이데올로기에 동조할 여지가 훨씬 적다는 것이다. 게다가 사회적 조건을 대중이 수용하는 정도는 굴곡이 있으며 특히 경제상황이 바뀔 때 그 굴곡이 더욱 크다는 점을 역사는 가르쳐준다. 좌파는 가능하면 많은 사람들에게 접근할 수 있는 방법을 개발해서 경제 민주주의의 필요성과 그에 따른 이익을 분명하게 알려야 한다. 또 진정한 변화에 대한 대중의 지지를 촉발하기 위해서는 기존 질서에 대한 대중의 지지가 감소하는 시기에 영향력을 극대화할 채비를 갖춰야 한다.

미국의 좌파가 경제적 현실과 미래의 가능성을 말할 때는 대의정치 체제에 대한 비판도 해야 한다. 강력한 선거운동으로 한 명의 진보적인 인사들을 당선시켜봤자, 경제적 자산분배의 격차에 실질적으로 변화를 주는 정책은 양대 정당 어느 쪽으로부터도 지지를 얻어내지 못할 것이다. 진보적인 세제 개편안을 내세운 대통령은 1977년 지미 카터가 마지막이었다. 카터의 제안은 민주당이 지배한 의회에서조차 숨 아내어졌다.[21] 1980년대에 민주당 상원의원 다니엘 패트릭 모이니핸은 미 상원 회의장에서 봉급생활자에 대한 세금감면과 역진적인 연방 세제의 개편안을 제시했다. 한 분석가의 말을 빌리면 "민주당 상원 지도자는 마치 모이니핸이 상원 회의장에서 상스러운 농담이라도 한 것처럼 놀라면서 말문이 막힌다는 표정이었다."[22] 부의 수호자로서의 국가의 기능에 실질적으로 도전하려면 정부 체제의 구조변화가 꼭 필요하다.

저소득층과 중산층이 정치적 영향력을 발휘할 수 있는 정치구조가 존재한다면, 세제를 비롯한 각종 정책의 실질적인 개혁이 좀더 쉽게 이뤄질 수 있다. 다른 나라들에는 이런 정치구조가 이미 존재한다. 네덜란드, 스위스, 독일, 프랑스 같은 유럽 국가의 선거제도는 비례대표제 방식이어서, 각 정당은 전체 투표에서 얻은 지지도에 비례해 의석을 확보한다. 이런 체제에서는 노동당, 민주사회주의자들, 환경주의자들 및 기타 집단이 미국에서보다 훨씬 더 책임 있는 사회, 경제정책을 촉진시키는 성과를 거두고 있다. 이들 나라의 경제적 격차가 미국에서보다 작은 것은 바로 이런 이유에서다.

다른 나라들의 경우 좀더 공정한 세금제도가 채택돼 보편적인 복지 프로그램, 즉 모든 시민이 혜택을 보는 복지제도를 뒷받침하고 있다.[23] 미국에서 사회보장과 같은 좀더 보편적인 복지 프로그램들을 만들어낸다면 극빈층에 대해서만 최소한의 복지를 제공할 때 나타나는 희생자를 오히려 탓하거나 사회가 양극화하는 현상을 줄이는 데 기여할 것이다. 모든 시민이 건강보험, 노후복지, 대학등록금, 가족을 위한 휴가지원금, 질 좋은 탁아 등과 같은 혜택을 똑같이 받을 때 시민들은 공동의 이익을 더 잘 인식하고 경제적으로 힘 있는 세력들의 이기적인 행동에 더 효과적으로 저항할 것이다.

미국의 정부를 비례대표 형태로 바꾸는 것과, 이런 변화가 저소득

층과 중산층에게 가져다 줄 힘이 합쳐지면 많은 불공평한 정책들을
폐지하는 데 큰 힘이 될 것이다. 이는 절대 다수의 삶의 질을 개선하
는 결과도 가져올 것이다. 이런 체제 속에서는 비록 정부의 복권이 완
전히 뿌리 뽑히지는 않는다 하더라도, 적어도 그것이 훌륭한 생활수
준을 유지하는 가운데 즐기는 여가활동일 것이지 절망에 빠져 매달리
는 것이 되지는 않을 것이다.

하지만 미국의 정부와 정치 체제는 승자가 모든 것을 다 차지하는
형태의 대의제도로 운영되고 있다. 또 이런 체제는 경제개혁으로 이
어질 수 있는 정치성향을 갖고 있는 사람들을 억누르는 데 효과를 발
휘한다. 때문에 미국에서는 사회적 불안이 아닌 다른 어떤 요소가 의
미 있는 변화를 가져올 여지가 거의 없다. 도널드 L. 발릿과 제임스
B. 스틸은 1994년에 쓴 책 《미국: 누가 진정으로 세금을 부담하는
가?》에서 전국을 돌아다니며 사람들을 인터뷰한 내용을 이렇게 회상
했다.

문제가 심각하지만 이겨내기 어려운 것은 아니라는 정서가 강했다. 뉴저
지주의 체리힐에서부터 오리건주의 포틀랜드까지, 보스턴에서부터 마이
애미에 이르기까지 광범위한 곳에서 이런 저런 다양한 방식으로 계속 제
기돼온 의문이 있다. 이 의문은 급진적인 사고를 가진 학생들만 제기한 것
이 아니고 할머니, 전문직 종사자, 육체노동자, 필라델피아에서 만난 정장
을 한 백인 남성 등 매우 다양한 사람들이 제기했다. 이 백인 남성은 그 가
운데 가장 퉁명스럽게 말했다. "사람들이 거리로 나가지 않아도 이런 문제

들이 해결될 거라고 정말 믿으시오?"[24]

역사는 그들이 옳음을 시사한다. 실질적인 사회변화, 진정으로 대
중에게 이익을 가져다주는 변화는 광범하고 지속적인 시민의 항거 없
이는 이루어지지 않는다.

한국 복권의 현황과 문제점

한국 복권의 현황과 문제점

로또 열풍, 한국에 상륙하다

2002년 12월 2일, 대부분의 사람들은 전혀 눈치 채지 못하는 가운데 한국 복권에 엄청난 변화가 찾아왔다. 국가보훈처, 행정자치부, 과학기술부, 문화관광부, 보건복지부, 노동부, 건설교통부, 산림청, 중소기업청, 제주도 등 10개 정부 기관이 공동으로 참여하고 국민은행이 사업운영을 담당하는 로또복권이 처음으로 발행된 것이다.

복권에 관심이 많은 이들이야 미리부터 손꼽아 기다렸을 테지만, 그들을 제외한 대부분의 사람들은 로또가 어떤 것인지조차 알지 못했다. 로또가 개시되고 한 달이 지나서야 사람들은 이것이 한국 사회 전체를 뒤흔들 정도로 영향력이 큰 무엇이라는 사실을 서서히 깨닫기 시작했다.

그도 그럴 것이 처음 나왔을 때 로또는 기존의 복권과 별 차이 없는 또 다른 복권의 한 종류 같아 보였다. 12월 7일 첫 회분 추첨 때 1등 당첨금은 '고작' 8억 6360만 원에 지나지 않았고, 그나마 당첨자도 나오지 않았다. 첫 회 당첨자가 나오지 않은 탓에 2회 당첨금은 20억 원으로 훌쩍 뛰었는데 이때 당첨자가 한 명 나왔다. 눈치 빠른 이들은 이즈음부터 로또에 주목하기 시작했지만, 여전히 특별해 보이지는 않았다. 3회에도 한 명이 20억 원의 당첨금을 챙겼다. 그러나 4회 당첨금 12억 원, 5회 당첨금 30억 원의 주인공이 나오지 않고 당첨금이 누적되자 2003년 연초부터는 많은 사람들이 술렁이기 시작했다. 그리고 6회 때 국내 복권 사상 최고액인 65억 7445만 원의 당첨자가 나오자, 술렁임은 흥분으로 바뀌었다.

그동안의 복권 당첨 금액을 보면 1999년 7월 국민체육진흥공단의 월드컵복권이 10억 원으로 최고 금액을 기록했고, 같은 해 11월 밀레니엄복권의 1등 당첨금이 그 두 배인 20억 원에 이르렀다. 2001년 6월에는 플러스플러스복권의 1등 당첨금이 40억 원이었고, 2002년 3월에는 슈퍼코리아연합복권의 당첨금이 60억 원을 기록한 바 있다. 그런데 로또가 다시 신기록을 세우면서, 인생을 바꿀 수 있는 절호의 기회로 급부상한 것이다.

〈한겨레〉 2003년 1월 13일치는 막 일기 시작한 로또 열풍을 이렇게 전하고 있다.

로또복권 당첨 비법을 제공하거나 정보를 교환하는 사이트와 인터넷 커뮤니티가 우후죽순처럼 생겨나고 있다. 지난해 10월 개설된 '다음'의 한 복권 관련 카페에는 3개월 만에 5500명의 회원이 등록했다. 로또 숫자를 고르는 방법 등을 소개한 《로또 마스터》라는 번역서도 발간돼 1주일 만에 인터넷서점 베스트셀러 목록에 올랐다. 로또복권 숫자 지정 자동구매 프로그램, 예측 열쇠고리, 휴대용 또는 가정용 예측기 등 로또 관련 부대상품도 잇따라 판매되고 있다. 이밖에 직장 동료나 친구들끼리 여러 명이 한꺼번에 많은 양을 구입해 당첨됐을 경우 당첨금을 나눠 갖는 '로또계'도 등장하고 있다.

사실 이때의 로또 열풍은 단지 시작일 뿐이었다. 2003년 1월 18일 추첨분의 당첨금 26억 원이 주인을 찾지 못해 이월됐고 25일에는 73억 원이 넘는 돈이 또 다시 이월되면서 온 나라가 최대 명절인 설도 잊은 듯 로또 열풍에 휩싸였다.

'선진국형 복권'인 로또를 통해 복권시장의 건전한 발전방안을 모색한다며 로또를 시작한 정부도 이쯤 되자 당황하기 시작했다. 정부는 1월 27일 김진표 국무조정실장 주재로 '복권발행조정위원회'를 열어 2월 8일 추첨분부터는 로또복권의 1등 당첨금 이월횟수를 기존의 5회에서 2회로 제한하기로 했다.

하지만 대부분의 국민들은 이날 회의의 결정사항에 관심을 둘 정도로 한가하지 못했다. 인생 역전의 기회를 잡기 위한 행운의 번호 고르기에 여념이 없었기 때문이다. 신문, 방송들도 연일 전국에서 로또를 사기 위해 줄지어 선 사람들의 모습을 생중계하다시피 하면서 설날인 2월 1일의 1등 당첨금이 200억 원을 넘을 것이라고 떠들어댔다. 로또에 비교적 둔감했던 사람들도 이런 보도에 자극받아 뒤늦게 로또 행렬에 끼어들었다.

〈경향신문〉 1월 31일치는 광풍의 실태를 이렇게 전했다.

설 연휴를 앞둔 30일 전국 복권판매소마다 구입 인파가 몰려 장사진을 쳤으며 일부 가게에서는 아예 복권번호 기입 용지가 동이 나기도 했다. 서울 광화문 복권판매소인 LG25 편의점은 이날 하루 종일 복권을 사려는 시민들로 북적거렸으며 길거리까지 30미터나 되는 긴 줄을 서기도 했다.

이때까지 총 9회의 로또복권 판매액은 1490억 원에 이르렀다. 두 달 동안 한국의 성인 3450만 명이 한 명당 평균 4318원어치의 로또복권을 산 셈이다.

온 국민이 '손꼽아 기다리던 설날'이 왔으나 대박의 꿈은 다시 한 주 더 미룰 수밖에 없었다. 눈덩이처럼 불어나 258억 원에 이른 당첨금이 이날도 주인을 찾지 못하고 만 것이다. 이제 사람들은 모두 미칠 지경에 이른 듯했다. 2월 8일 제10회 로또복권의 1등 당첨금이 836억 원으로 불어난 것이다. 그리고 드디어 1등이 나왔다. 1등 당첨자의 수는 13명이나 됐고, 이 탓에 한 사람에게 돌아간 돈은 64억 원으로 상대적으로 적었다.

〈대한매일〉 10일치 1면은 당첨자가 나온 뒤의 시민들 심정을 이렇게 표현했다.

광풍의 끝은 허탈이었다. 대박의 환상은 단 10초 만에 깨졌다. 공 6개가 투명관을 빠져나오면서 800억 원의 신기루는 산산조각이 났다. 60억 원대의 갑부 13명이 탄생하긴 했다. 그렇지만 남의 일이다. 씁쓸할 뿐이다. 환상에서 깨어나자 후유증만 남았다. 당첨되지 못한 사람들은 두통, 불면증, 금단현상에 시달리고 있다. 수십만에서 수백만 원어치를 산 사람들은 '본전'을 찾으려고 한다. 이번에는 그보다 더 많은 돈을 써볼까 하는 생각도 한다.

온 나라가 얼마나 순식간에 로또 열풍에 휩싸였으며 2월의 충격과 허탈감이 어느 정도였는지는 로또 판매액을 봐도 잘 알 수 있다. 로또 발행 첫 달인 2002년 12월의 복권 판매액은 185억 원에 불과했으나 2003년 1월엔 551억 원으로 늘었고, 로또 열풍이 극에 달했던 2월의 판매액은 1월의 10배에 가까운 5026억 원에 달했다. 환상이 깨진 3월의 판매액은 2월보다 1200억 원 가까이 줄어든 3881억 원이었고, 4월 판매액도 3376억 원으로 감소세가 이어졌다.

이런 감소세는 그러나 4월 12일 407억 원의 1등 당첨자가 나오고 그 다음 주에도 193억 원의 갑부가 탄생하자 2월의 광풍이 다시 불기 시작하면서 5월에는 4355억 원으로 다시 늘어났다.

이렇게 온 나라가 홍역을 치르듯 로또복권 열풍에 휩싸였지만 진짜로 대박이 터진 쪽은 로또 당첨자들이 아니라 정부와 국민은행, 미국과 일본의 관련 제품 납품업자들임이 드러나기 시작했다. 6개월 동안의 로또복권 총 판매액 1조 7377억 원 가운데 정부로 흘러들어간 돈은 건설교통부 1576억 원 등 10개 기관을 더해 모두 5617억 원이었다. 국민들이 줄을 서서 기다리면서까지 로또에 쏟아 부은 돈의 32.3%를 정부가 가만히 앉아서 챙긴 것이다. 게다가 이 금액은 정부가 2001년 한 해 동안 총 49가지의 복권을 팔아 챙긴 수익금 1807억 원의 3배가 넘는 것이었다. 정부 부처들은 이 로또 수익금을 어디에 쓸지도 채 결정하지 못한 상태였다.

국민은행의 수입도 만만치 않았다. 이 은행은 로또복권 판매액 중 2%를 운영사업자 자격으로 챙기고, 각 지점들로부터 5.5%의 판매수수료 도 챙긴다. 이를 바탕으로 계산할 때 국민은행이 6개월 동안 벌어들인 돈은 운영사업 수익으로만 약 340억 원, 판매수수료까지 합치면 400억~500억 원에 이를 것으로 추산된다. 로또 운영시스템을 제공하는 미국의 아이지티(IGT)라는 회사와 특수용지인 로또 용지를 공급하는 일본의 오지제지 또한 한국의 로또 광풍 덕을 톡톡히 보고 있다. 특히 아이지티는 전체 판매액의 0.17~0.25% 정도를 로열티로 받는 것으로 알려졌는데, 이를 적용해 계산하면 6개월 만에 30억~43억 원에 이르는 돈을 챙겨간 셈이다.

물론 정부와 국민은행, 외국 납품회사들만 로또복권으로 큰 돈을 번 건 아니다. 추첨이 30차례 진행되는 동안 9차례는 1등이 나오지 않았지만, 나머지 21차례에 걸쳐 모두 104명이 1등으로 뽑혔다. 이들이 받은 돈은 22%의 세금을 빼고 최소 6억 1000만 원부터 최대 317억 원까지였다. 강원도의 40대 경찰관이 317억 원을 거머쥐었고, 4명이 132억~188억 원의 당첨금을 받았다. 또 6명이 70억 원 이상을 횡재

했고, 60억 원 이상 받은 이도 2명이다. 50억대의 거금을 받은 이는 14명, 40억대는 3명, 30억대는 17명, 20억대는 10명이다. 24명은 10억대의 돈을 챙겼다. 나머지 23명은 1등 상금으로는 가장 적은 액수인 6억 1000만 원에 만족해야 했다.

그러나 거금을 챙긴 이들이 마냥 행복한 것은 아니었다. 몇십억에서 몇백억 원이라는 주체하기 힘든 당첨금을 받은 이들 대부분은 주위의 시선이 부담스러워 정처 없이 해외를 떠돌고 있는 것으로 알려졌다. 국내에 있는 나머지 사람들도 얼굴이 알려질까 두려워하며 조용히 지내기는 마찬가지다. 6회 때 65억 원에 당첨돼 세금을 제하고 50억 원의 거금이 생긴 ㅈ씨는 2003년 2월 한 텔레비전 방송 제작진과 만나, 한 달도 안돼 몸무게가 5킬로그램이나 빠졌다고 토로했다.

이렇게 로또복권이 온 나라를 들썩거리게 하자, 시민단체들이 복권 판매 정지 가처분 신청을 법원에 내기도 했고, 인터넷에 로또 반대 사이트가 생겨나기도 하는 등 로또에 대한 비판 여론이 높아졌다. 미국이나 영국 등 외국에서 그동안 꾸준히 제기되던 복권의 문제점 또한 한두 달 사이에 국내 언론을 통해 거의 대부분 제기됐다. 복권 때문에 사람들이 일할 의욕을 잃어버린다는 지적에서부터 도박 풍조의 확산, 복권 열풍을 부르는 사회, 경제의 구조적 문제와의 관련성에 대한 문제도 제기됐다. 온 국민이 소득에 따라 공평하게 부담해야 할 세금이 복권이라는 매개를 통해 저소득층에게 과도하게 떠넘겨지는, 복권의 역진세적 측면도 거론됐다.

하지만 언론의 이런 보도는 어려운 현실에서 탈출하고 싶은 국민

대다수의 인생 역전 욕구를 잠재우지 못했다. 언론의 보도 태도 또한 이중적이었다. 미디어아트 평론가 김금녀씨는 2월 20일치 〈한겨레〉의 '한겨레비평'에 실린 글에서 "복권 당첨금이 오르면 오를수록 '로또 열풍'이니 '초광풍'이니 하면서 언론도 덩달아 흥분하고 나서는, 막상 추첨이 끝나면 당첨되지 않은 대다수 국민들의 우울증과 허탈감을 부풀려 보도하는 식"이라고 지적했다.

초기의 열풍이 휘몰아치고 간 뒤 언론의 로또 보도 횟수는 급격하게 줄었다. 그리고 초기의 열풍을 기억하는 국민들은 힘들고 지칠 때마다 조용히 로또 판매소로 향하고 있다. 한바탕 홍역을 치른 후 이제 로또는 어느새 일상생활 속에 뿌리를 내린 것이다. 이는 설문조사에서도 나타난다.

인터넷 사이트 네이트닷컴이 로또 광풍이 한풀 꺾인 뒤인 3월 28~29일 실시한 인터넷 설문조사를 보면, 응답자 1만 6746명 가운데 13.2%만이 로또를 사지 않겠다거나 로또가 뭔지 모른다고 답했다. 로또에 관한 자신의 태도 유형을 고르는 설문 항목에 대해서는 47%가 '일확천금형: 당첨만 되면 인생 대역전, 이번에 내 차례'라는 유형을 선택했고, 30.4%는 '마냥 행복형: 당첨 안 되도 좋다. 기대감만으로도 행복'이라는 유형이 자신의 경우라고 답했다. 또 9.4%는 '확률 분석형: 머리를 써야 한다. 통계분석은 기본'을, 9.9%는 '안티 로또형: 그딴 걸 왜 하나? 노력 없이 대가 없다'를 골랐다. 3.3%는 로또가 뭔지 모른다고 답했다.

이제 사람들은 로또에 인생의 희망을 걸거나, 아니면 로또를 따분한 삶에 희망과 스릴을 제공하는 활력소로 삼고 있는 것이다. 이런 태도는 로또 1등 당첨금에 상한선을 두는 것에 대한 반대로 나타난다. 네이트닷컴이 4월 21~22일 실시한 인터넷 설문조사에서 응답자 1만 7571명 가운데 67.1%가 '복권의 매력은 고액 당첨에 있으므로 제한에 반대한다'는 데 동의했다. 반면 '지나친 사행심이 조장되고 있으므로 제한에 찬성한다'는 데 동의한 응답자는 전체의 27.3%에 그쳤다.

한국에 복권 열풍이 분 것은 사실 이번이 처음은 아니다. 1990년대 들어서면서 정부 기관들이 앞 다퉈 복권 발행에 뛰어들고, 즉석복권이 등장하면서 1990년대 중반에는 이미 복권이 온 나라를 뒤덮었다고 해도 과언이 아니다. 거리에서 동전으로 즉석복권을 벗기는 모습을 보는 건 그리 낯설지도 드물지도 않은 일이 됐다. 각종 유흥업소 등의 판촉에도 복권이 애용됐고, 인터넷이 보급되면서부터는 인터넷복권도 넘쳐났다. 이렇듯 1990년대 들어 우리 사회에 본격적으로 자리 잡기 시작한 복권 바람이 로또를 계기로 완전히 전 국민 속으로 파고들었고, 이제는 웬만한 조처로는 이를 되돌리기 어려워 보인다.

한국 복권의 역사

한국에서 로또의 역사는 비록 6개월밖에 안 되지만, 복권이 등장한 지는 34년이나 됐다. 한국의 복권 역사는 1969년부터 정기적으로 발행된 주택복권에서 시작됐다고 할 수 있다. 주택복권 이전의 복권들은 특수한 목적을 위해 일시적으로 발행된 것들이었다.

1947년 12월에는 다음 해에 열릴 제14회 런던 올림픽대회 참가 경비를 마련하기 위한 올림픽후원권이 발행됐다. 액면금액 100원, 1등 상금 100만 원이었던 이 복권은 모두 140만 장이 발행됐고, 당첨자는 모두 21명이었다. 또 이재민 구호기금 마련을 목적으로 한 후생복표가 1949년 10월부터 1950년 6월까지 3회에 걸쳐 발행됐다. 액면금액 200원에 1등 상금이 100만 원이었던 이 복표는 매회 100만~200만 장이 발행됐다.

이처럼 1947년부터 1949년까지는 복권이 전국 규모로 발행되기도 했고 지방자치단체별로 발행되기도 했다. 학교 등 개별 기관에서 복권을 발행한 경우도 있다.

한국전쟁 뒤인 1956년 2월부터 정부는 산업 및 사회복지 자금 조달을 목적으로 매달 애국복권을 발행했다. 매달 1회씩 총 10회까지 운영된 이 복권은 100환짜리와 200환짜리로 발행됐다. 그 후 1962년에 산업박람회복표가 등장했고, 68년에는 무역박람회복표가 한시적으로 발행되기도 했다. 이어 1969년에 주택복권이 시작되면서 정기적으로 발행되는 복권의 시대가 열렸다.

한국에서 복권의 상징처럼 취급되는 주택복권은 군경유가족이나 독립유공자 및 원호대상자 중 무주택자들에게 우선적으로 장기저리의 자금지원 혜택을 주기 위해 만들어졌고, 1969년 9월 15일 최초로 판매에 들어갔다. 주택 관련 자금을 전담하는 특수은행으로 1967년에 설립된 한국주택은행이 이 복권의 발행 업무를 맡았다.

주택은행은 당시 주택복권 발행을 앞두고 적지 않은 반대에 직면했던 것으로 보인다. 1992년에 발행된 《한국주택은행 25년사》는 "주택복권은 '한국주택은행법' 제24조 제1항 6호와 정관 제40조 제6항에 의하여 타 업무와 함께 주택은행의 고유 업무이다. 창립 초기에는 사회여론에 부딪쳐 복권발행 업무를 개시하지 못하였고 1969년 8월 25일 제10차 임시운영위원회에서 '주택복권 발행안'을 의결하여, 같은 해 9월 15일부터 29일까지 15일간 100원권 50만 매(발행액 5000만 원)를 서울시내 전역에서 판매하게 되었다"고 밝히고 있다. 이 복권은 2회부터 판매지역을 전국으로 확대했고, 1972년 5월까지는 한 달에 한 번씩 발행하다가 6월부터 매월 2일, 12일, 22일 등 10일 간격 월 3회로 발행회수를 늘렸다. 또 1973년 3월부터는 매주발행 체제로 바뀌어 지금까지 지속되고 있다.

1969년 한 해 동안 2억 원에 불과했던 주택복권 발행규모는 해를 거듭할수록 늘어나 1972년까지 총 발행액이 38억 5400만 원을 기록했다. 애초 정부가 주택복권을 발행하면서 내세운 것은 국민주택기금 마련이었지만 이 기간에 조성된 기금은 복권 운영을 위한 복권기금으로 다 들어갔다. 주택복권 판매수익이 본격적으로 국민주택기금으로 들어간 것은 1973년부터다. 이 기간에 전체 판매액 978억 200만 원의 41.3%인 404억 5500만 원이 국민주택기금으로 들어갔다.

1983년은 올림픽 개최를 위한 기금 마련을 이유로 복권 발행액이 크게 증가한 해로 기록됐다. 1986년 아시안게임과 1988년 올림픽 개최를 위해 4월 1일부터 주택복권 발행이 중단되고 대신 올림픽복권이 발행됐다. 이 올림픽복권은 올림픽이 끝난 후 없어지고 1989년부터는 다시 주택복권이 발행된다.

1969년부터 1988년까지 20년 동안 발행된 주택복권과 올림픽복권의 발행액은 모두 5438억 9500만 원이었고, 이 가운데 97%인 5276억 1100만 원어치가 팔렸다. 당첨금으로 지급된 돈은 판매액의 44.4%였고, 2237억 2100만 원(판매액의 42.4%)이 기금으로 조성됐다. 1983년부터 1988년까지 6년 동안 올림픽과 아시안게임 개최를 위해 1000억 원이 넘는 돈이 국민들의 주머니에서 나왔다.

이 기간의 통계를 보면 정부와 주택은행은 원하는 만큼 복권을 팔 수 있었다. 발행한 복권의 판매율이 1969~1972년에 97.5%를 기록했고, 1973~1982년에는 98.7%로 더 높게 나타났다. 1983년엔 복권 발행액이 급격하게 늘었음에도 판매율은 99.5%로 도리어 높아졌다. 1987년과 1988년에도 이 비율은 각각 98.0%와 96.5%를 기록했다. 사실상 시중에 나온 복권은 거의 모두 팔린 셈이다(표 6-1 참고).

1990년에 들어서면서 복권시장은 한 차례 큰 변화를 맞게 된다. 한국주택은행이 복권 발행을 독점하던 시대가 끝나고 복권에도 본격적인 경쟁시대가 온 것이다. 또 사는 즉시 당첨 여부를 확인할 수 있는 즉석복권과 한 장으로 3~6번 추첨에 참가하는 다첨식복권(또또복권)이 새로 등장하면서 복권 구매 행태에도 적지 않은 변화를 불러온다.

건설교통부의 감독을 받는 주택복권에 이어 문화관광부 산하 국민체육진흥공단은 1990년 9월 13일부터 체육복권을 발행했다. 체육복

(1969~1988, 단위: 백만 원, 자료: 《한국주택은행 25년사》)

구분	주택복권		올림픽 복권						합계
	69~72년	73~82년	83년	84년	85년	86년	87년	88년	
발행액	3,854	99,041	51,000	78,000	78,000	78,000	78,000	78,000	465,895
판매액	3,758	97,802	50,751	75,211	70,702	77,727	76,405	75,255	452,356
판매비율	97.5%	98.7%	99.5%	96.4%	90.6%	99.7%	98.0%	96.5%	97.0%
당첨금	1,684	41,988	22,904	33,346	31,234	35,228	34,404	33,642	200,788
발행비	282	6,557	2,496	4,431	3,980	4,173	4,361	4,324	26,280
판매 수수료	230	8,802	3,553	5,265	4,949	5,441	5,348	5,268	33,588
기금 조성액	1,562	40,455	21,798	32,169	30,539	32,885	32,292	32,021	191,700
판매 대비 비율	41.5%	41.3%	42.9%	42.8%	43.2%	42.3%	42.3%	42.5%	42.4%
국민 주택기금	–	40,455	7,629	11,259	10,689	11,510	11,302	11,207	92,844
복권기금	1,562	–	–	–	–	–	–	–	1,562
올림픽 기금	–	–	14,169	20,910	19,850	21,375	20,990	20,814	97,294

권이 등장하기 직전인 9월 1일에는 한국 최초의 즉석복권인 엑스포복권이 등장했다. 대전세계박람회 조직위원회에서 대전엑스포 개최 비용을 마련하기 위해 발행한 이 복권은 1993년 12월까지 모두 40회에 걸쳐 매달 나왔으며, 총 3억 100만 장이 발행돼 415억 원의 기금이 조성됐다. 엑스포복권이 등장하자 주택은행도 1990년 10월부터 즉석복권인 찬스복권을 발행하기 시작했고, 1991년에는 체육복권도 즉석복

권으로 전환했다.

한시적인 복권인 엑스포복권을 포함해 3개 기관의 복권이 경쟁을 벌이는 와중인 1993년 3월 과학기술부에 딸린 한국과학문화재단이 과학기술 개발 및 투자 재원 마련을 내세우며 기술복권을 발행해 복권시장의 경쟁을 더욱 부추겼다. 이어 1994년 5월엔 노동부에 딸린 근로복지공단이 복지복권을 내놨고, 이듬해 5월엔 중소기업청 산하의 중소기업진흥공단이 기업복권을, 같은 해 7월엔 행정자치부와 제주도가 각각 자치복권과 관광복권을 발행하면서 온 나라가 복권 천지로 변해버렸다.

정부 기관들의 '복권을 통한 돈벌이 경쟁'은 여기서 그치지 않았다. 한동안 신규 발행이 뜸한가 싶더니 1999년 9월 산림청에 딸린 산림조합중앙회가 녹색복권을 들고 경쟁에 뛰어들었고, 2001년 5월엔 국가보훈처 산하 보훈복지의료공단이 플러스복권을, 같은 해 12월엔 보건복지부 산하 기관인 사회복지공동모금회가 엔젤복권을 등장시켰다. 이에 따라 2001년 말 현재 국내에서 발행되는 복권은 총 10개 기관의 49가지에 달한다. 이 가운데 추첨식이 5가지, 즉석식이 9가지이며, 35가지는 인터넷 복권이다.

이렇게 여러 기관이 앞 다퉈 복권 발행에 나서면서 1996년 총 복권 발행액은 주택복권 단 한 가지만 발행되던 1989년 780억 원의 8배에 달하는 6195억 원에 이르렀다. 판매액수는 1989년 740억 원에서 1996년 3755억 원으로 5.1배가량 늘어났다. 판매액 증가율이 발행액 증가율에 비해 낮은 것은, 복권이 많아지면서 판매율이 크게 떨어진

탓이다. 1989년에는 발행액 대비 판매율이 95.0%였는데, 1996년에는
이 비율이 60.6%에 불과했다.

경쟁이 치열해지면서 판매 관련 비용이 크게 늘어나 수익률 또한
많이 떨어졌다. 1989년엔 판매액의 42.3%인 313억 원이 정부 수익금
으로 돌아갔으나, 1996년엔 판매액 가운데 수익금의 비중이 28.1%로
떨어져 정부로 들어간 수익금이 1054억 원에 그쳤다. 정부 기관들이
앞 다퉈 복권을 발행하면서 국민들 사이에 사행심을 부추겼지만 '장
사' 도 제대로 하지 못한 셈이다. 이런 과당 경쟁의 여파로 1997년에
는 발행액이 6070억 원으로 줄었다. 발행을 줄였는데도 판매율이 높
아지지 않아 이 해의 판매율은 60.4%로 도리어 조금 낮아졌고, 정부
의 수익률 또한 27.5%로 덩달아 떨어졌다.

1998년에도 복권 발행액과 판매율, 수익률이 모두 감소했지만,
1999년에는 3가지가 모두 상승세로 돌아섰다. 판매액은 7237억 원으
로 한 해 전에 비해 27% 상승했고 판매액도 4216억 원으로 31.4% 늘
어났다. 정부가 챙긴 수익은 1348억 원으로 자그마치 65.6%나 늘어
났다. 수익률 또한 1998년의 25.3%에서 32.0%로 올라갔다. 이렇게
복권이 급신장세로 돌아선 것은 아무래도 외환위기와, 그에 따른 경
기 침체 및 실업 증가에 원인이 있었던 것으로 보인다. 경제가 어려워
지면서 대거 일자리를 잃게 된 국민들에게는 복권이 유일한 탈출구였
던 것이다.

닷컴 바람이 거세게 불고 주식시장에서 일확천금을 얻은 사람들의
이야기가 퍼지는 등 사회 전반적으로 한탕주의가 기승을 부리면서 그

후에도 복권시장은 상승세를 이어갔다. 2000년 복권 판매액은 5074억 원으로 한 해 전에 비해 20.3% 늘어났고, 2001년에는 다시 38.6%의 높은 성장률을 기록하면서 판매액이 7034억 원에 달했다. 하지만 2000년 33.1%로 최고에 달했던 정부의 복권 수익률은 2001년 25.7%로 최근 몇 년 사이 복권이 가장 침체했던 1998년(25.3%)을 제외하고 가장 낮은 수준으로 떨어졌다.

한국의 복권 상황을 완전히 뒤바꿔버린 로또복권은 복권을 통한 공공기금 마련의 효율성이 떨어진 상황에 대한 일종의 타개책이었다. 로또복권이 등장하기 전인 2001년 현재 복권판매율은 57.1%에 불과했고, 정부의 수익률은 25.7%에 그쳤던 것이다. 정부의 타개책은 과도한 성공을 거뒀다. 로또를 통해 6개월 만에 2001년 한해 전체 수익의 3배가 넘는 5617억 원을 챙겼으니 말이다.

2002년 11월 26일 국무총리실이 내놓은 '복권시장의 건전한 발전 방안'은 로또가 등장하기 전의 국내 복권시장 상황을 이렇게 지적했다. "각 부처가 개별법에 근거하여 경쟁적으로 복권발행에 참여함에 따라 복권 발행기관과 복권 종류가 지나치게 많은 상황이며 복권 발행기관 사이의 과당경쟁으로 판매수수료 등 유통비용(11~28%)이 상승하여 공공재원 조달의 효율성은 떨어지면서 국민의 사행심만 조장하는 부작용이 발생하고 있다. 영국 등 선진국의 경우 통상 판매액의 최소 30% 이상이 공공재원으로 조성되는 반면 우리의 경우 공공재원 조성률이 26%(2001년) 수준에 불과하면서 지속적으로 하락하고 있다. 복권시장의 건전한 발전이 이루어지지 못함에 따라 복권보다 사행성이나 중독성이 큰 경마, 경륜 등 여타 사행산업의 비정상적인 비대를 초래했다."

이에 따라 정부는 이날 열린 복권발행조정위원회에서 "12월에 10개 복권 발행기관이 연합하여 발행할 예정인 선진형 복권인 로또복권의 도입을 계기로 복권시장을 단계적으로 정비하기로" 결정했다.

정부 통계를 보면 1997년 총 매출 3조 9409억 원이던 국내 도박산업은 외환위기 여파로 1998년에는 매출액이 3조 6093억 원으로 8.5% 감소했다. 하지만 앞에서 언급한 복권의 경우와 마찬가지로 1999년에 들어서면서 전체 도박산업의 매출액도 급격하게 늘어나기 시작했다. 2001년 전체 도박산업 매출 규모는 한 해 전보다 86% 늘어난 13조 5050억 원을 기록했다(표 6-2 참고).

그럼 과연 한국에서 복권은 어떤 사람들이 사며 얼마나 살까? 이에 대한 제대로 된 조사는 거의 없는 실정이다. 한국의 복권구매 행태를 간접적으로나마 보여주는 것이 주택은행의 조사 결과다. 주택은행은

| 표 6-2 | 국내 도박산업 매출규모와 구성비

(단위: 억 원, 자료: 국무총리실 '복권시장의 건전한 발전방안')

	1997년	1998년	1999년	2000년	2001년
경마	32,751(83.1%)	29,500(81.7%)	34,200(77.1%)	46,229(63.7%)	60,163(44.5%)
경륜	3,000(7.6%)	3,384(9.4%)	5,956(13.4%)	12,234(16.8%)	21,575(16.0%)
카지노	–	–	–	9,090(12.5%)	46,200(34.2%)
복권	3.658(9.3%)	3,209(8.9%)	4,216(9.5%)	5,074(7.0%)	7,112(5.3%)
합계	39,409	36,093	44,372	72,627	135,050

2001년 한해 주택복권과 또또복권으로 1억 원 이상의 당첨금을 받은 43명을 대상으로 조사를 벌였다.

당첨자의 지역별 분포를 보면 서울이 30.2%로 가장 많은데, 이 비율은 한 해 전에 비해 7%포인트 감소한 것이다. 반면 인천과 경기지역은 14%에서 27.9%로 급격하게 늘어났다. 이런 현상에 대해 주택은행은 "2001년도 복권방 창업이 경기도에 집중되어 경기도 지역에서 복권 붐을 조성한 것이 주요 요인으로 판단된다"고 말했다. 이들이 복권을 주로 사는 곳은 가판대로 48.8%를 차지했고 지하철이 11.6%, 은행창구와 편의점, 인터넷이 각각 9.3%였다. 구입 빈도에 대해서는 86.0%가 매주 정기적으로 구입한다고 답했다. 이 비율은 한 해 전인 2000년 조사 때의 53.5%에 비해 급격하게 높아진 것이다. 복권을 살 때 한번에 몇 장을 사는지 조사한 결과 평균 4.84장으로 나타났다. 전체의 23.3%가 5장을 산다고 답했고 20.9%는 3장, 18.6%는 2장을 사는 것으로 나타났다. 6~10장을 사는 이들은 전체의 11.6%, 11장 이상도 11.6%를 각각 기록했다.

이 조사에서 흥미로운 것은 구입동기의 32.6%가 '꿈'이라는 점이다. 이 수치는 2000년 39.5%에 비해서는 줄어든 것이지만, 여전히 부동의 1위였다. 2위는 30.2%를 차지한 '재미'였다. 이런 통계는 미국 등과 마찬가지로 한국에서도 복권과 미신은 밀접한 관계를 갖고 있다는 점을 보여준다. 사실 복권이 미신을 부추기는 것은 국민은행의 복권 정보 인터넷사이트에서도 확인된다.

이 사이트에는 국민은행 쪽에서 복권 당첨자들의 사연을 올려놓는

난이 있는데, 여기에는 특이한 꿈을 꾼 뒤 복권을 사서 당첨됐다는 이들의 이야기가 적지 않게 올려져 있다. 그 가운데 대표적인 것은 주택복권을 산 뒤 꿈에서 노무현 대통령과 만나 악수하고 나서 3억 원에 당첨되었다는 이야기와, 30년 전에 숨진 남편이 나타나 돈 뭉치를 주는 꿈을 꾼 뒤 로또복권을 사서 당첨금 64억 원의 1등에 뽑혔다는 이야기다.

사이트에 올라와 있는 3억 원 당첨자의 이야기는 이렇다.

경기도 안성에서 남편과 함께 과수원을 경영하는 정모(38)씨는 꿈에서 노무현 대통령과 악수하고 3억 원에 당첨되는 행운을 맞았다. 그녀는 평소 복권을 자주 구입하는 편은 아니었지만 남편의 권유로 주택복권 1317회분(추첨일 2003년 3월 30일) 5장을 구입했다. 그런데 복권을 구입한 다음날부터 노무현 대통령이 악수를 청하는 꿈을 매일 꾸었다고 한다. 며칠 동안 계속 악수를 청하는 노무현 대통령과 결국 악수를 하고 나서부터 더 이상 그 꿈을 꾸지 않았다고 한다. 그 후 정씨 부부는 놀라지 않을 수 없었다. 구입한 주택복권이 1등 3억 원에 당첨된 것이다. 그녀는 당첨소감에서 이렇게 말했다. "대통령과 악수할 때 그렇게 생생할 수가 없었어요."

65억 원의 당첨자가 된 충남 아산에 사는 60대 여성의 이야기는 이렇다.

그는 로또를 사기 전날 밤 돌아간 지 30년도 넘은 남편이 갑자기 나타나서 자신에게 돈 뭉치를, 자식들에게는 집문서를 주고 가는 꿈을 꿨다고 한다. 그는 그동안 힘들지만 착하고 성실하게 살아 온 자식 내외에게 당첨금을 모두 주겠다며 눈시울을 붉혔다. 마지막으로 자식들과 함께 조상님이 계신 선산에 인사를 드리러 가야겠다고 말하며 조용히 집을 나섰다.

한국에 미신이 널리 퍼진 것은 어제 오늘의 일이 아니지만 복권, 특히 그야말로 인생 역전의 기회를 제공하는 로또의 등장은 미신이 더욱 기승을 부리는 데 적지 않게 기여하는 게 분명해 보인다.

한국 복권, 이것이 문제다

주요 선진국의 국내총생산과 복권 판매액을 비교해보면 한국의 상황은 상대적으로 나은 편이다. 하지만 그렇다고 한국의 복권에 문제가 없는 것은 아니다. 기본적으로 한국에서는 미국 등과 달리 복권을 정부가 공공재원을 마련하는 수단으로 활용할 것인가를 놓고 제대로 된 논의가 이뤄진 적이 없다. 그리고 지금도 복권이 과연 문제가 많은 것인지, 만일 문제가 많다면 그럼에도 계속 유지해야 하는지를 공개적으로 따지고 재검토할 주체가 존재하지 않는다.

이런 상황을 가장 단적으로 보여주는 것이 아마도 1998년에 발생한 한 사건일 것이다. 서울 구로구 오류동에 사는 30대 여성 오씨는 6월 1일 한 일간지 신문에 '1만 원에 집을 드립니다' 라는 광고를 냈다.

오씨가 이 광고를 내게 된 것은 1997년 11월 은행 융자금 3300만 원을 떠안고 전세 4000만 원에 신축 빌라에 입주했으나 외환위기 이후 금리가 급격하게 올라가면서 이자를 감당하기 어려워졌기 때문이었다. 집을 넘겨받을 사람이라고는 아무도 없는 상황인 오씨가 생각해낸 것이 '1만 원을 내는 사람 7300명을 모은 뒤 추첨을 통해 집을 넘긴다'는 것이었다.

참으로 기발한 이 아이디어는 그러나 3일 만에 무산되고 말았다. 3일 동안 430명이 돈을 보냈으나 경찰이 찾아와서 이런 방식은 일종의 복권이며 실정법 위반의 소지가 있다고 통보한 것이다. 이 때문에 오

| 표 6-3 | 주요국 국내총생산 대비 복권판매 현황

(2000년 기준, 자료: 국무총리실 '복권시장의 건전한 발전방안')

구 분	국내총생산		복권 판매액		국내총생산 대비 복권 비중(%)	
	총액(십억 달러)	1인당(달러)	총액(백만 달러)	1인당(달러)	총액	1인당
미 국	9,873	35,777	34,384	141	0.3	0.4
이탈리아	1,074	18,171	9,993	173	0.8	0.9
독일	1,866	20,263	7,864	94	0.3	0.4
스페인	590	14,954	7,767	194	1.2	1.3
일본	4,763	38,003	7,344	58	0.1	0.1
영국	1,429	24,697	6,886	115	0.4	0.4
프랑스	1,296	24,456	5,395	90	0.3	0.3
캐나다	699	22,217	4,486	145	0.5	0.6
한국	457	9,628	414	9	0.08	0.09

씨는 자신의 기발한 아이디어를 포기할 수밖에 없었다.

아마도 많은 사람들은 이 사건을 접한 뒤에야 '아, 복권의 원리가 바로 이런 거구나' 했을 것이다. 그리고 바로 이어지는 의문은 '도대체 법이 어떻게 되어 있기에 아무나 복권을 발행할 수 없나?' 였을 것이다.

사실 그동안 수많은 사람들이 시시때때로 복권을 사왔지만, 그냥 '복권은 주택은행에서 나오나보다' 하는 정도로 지나쳐 왔다. 그러나 올해 초 엄청난 로또 열풍 속에서 시민단체들이 로또복권은 법적인 근거가 없다며 발행 중단 가처분 신청을 냈다는 소식을 들었을 때 많은 사람은 '정부조차 마음대로 복권을 발행할 수 없다는 건가?' 하고 고개를 갸우뚱했을 것이다.

복권은 정부만이, 그것도 특정한 법을 만들지 않고는 발행할 수 없다는 것을 아는 이는 거의 없다. 이는 '한국에서는 복권을 정부가 발행해도 되는 것인지', '발행한다면 무슨 용도를 위해 발행할 것인지'를 공개적으로 따져본 적이 거의 없다는 것을 단적으로 보여준다.

복권은 부유층이 떠안아야 할 세금부담을 부당하게 저소득층과 중산층에게 떠넘김으로써 조세정의에 어긋나는 것이다. 그러나 이런 비판은 차치하고라도 지금부터 우리는 로또복권을 과연 계속 발행할 것인가, 계속 발행한다면 그 수익금을 어떤 용도로 쓸 것인가를 공개적으로 토론하고 이 문제를 사회적인 쟁점으로 만들어야 한다.

그렇지 않다면 빈부격차가 날로 커질 수밖에 없는 현재의 국내외 경제상황에서 저소득층을 노리는 온갖 복권 판촉 기법과 사기성 광고가 판치는 미국의 현실이 우리에게도 닥쳐 심각한 사회문제로 이어질 것이다.

| 주석 |

1장 로또 광풍

1. H. Roy Kaplan, "The Social and Economic Impact of State Lotteries," *The Annuals of the American Academy of Political and Social Science*, July 1984, 103.

2. Clyde Haberman, "The Specter of Instant Wealth," *New York Times*, July 31, 1998, B1.

3. Nigel Bunyan, "Father Shot Himself Over Jackpot That Never Was," *Electronic Telegraph*, June 16, 1995, 1, http://www.telegraph.co.uk

4. Wendy Holden, "Mother Who Killed Her Three Children Was Depressed Over Lottery," *Electronic Telegraph*, September 7, 1995, 1, www.telegraph.co.uk

5. Hugh Muir, *Electronic Telegraph*, 1.

6. *Portsmouth Herald*, March 13, 1964, 1.

7. *New York Times Magazine*, May 19, 1963, 104.

8. Ibid., 16.

9. *New York Times*, May 2, 1963, 35: 2.

10. Ibid.

11. *New York Times*, March 28, 1964, 8: 8.

12. *New York Times*, January 16, 1964, 46: 4.

13. Charles T. Clotfelter and Philip J. Cook, *Selling Hope: State Lotteries in America* (Cambridge, MA: Harvard University Press, 1989), 144.

14. Ibid.

15. North American Association of State and Provincial Lotteries, *Lottery Facts and Background Information* (Washington, DC, 1994)

16. Clotfelter and Cook, *Selling Hope*, 21.

17. *The Economist*, November 27, 1993, 39.

18. Hugh Muir, "Winning the Lottery's Jackpot: A Joy or a Burden?" *Electronic Telegraph*, December 14, 1994, 1.

19. Clotfelter and Cook, *Selling Hope*, 54.

20. *New York Times*, June 4, 1994, 24: 1.

21. *Dayton Daily News*, March 3, 1995, 1.

22. Jane Thynne, "Bottomley Defends Record £35m Lottery Prize as Great Fun," *Electric Telegraph*, January 5, 1996, 1.

23. Roger E. Brinner and Charles T. Clotfelter, "An Economic Appraisal of State Lotteries," *National Tax Journal*, 28, no. 4 (1975), 395-403.

24. *New York Times*, May 21, 1989, IV, 6: 1.

25. North American Association of State and Provincial Lotteries, *Lottery Facts and Background Information*, 8 (Washington, DC, 1994).

26. North American Association of State and Provincial Lotteries, *Lottery Facts* (Cleveland, 1998).

27. Alan J. Karcher, "State Lotteries," *Society*, 29, no. 4 (May/June 1992), 52.

28. *Forbes*, January 23, 1989, 52-53.

29. Alan J. Karcher, *Lotteries* (New Brunswick: Transaction Publishers, 1992), xii.

30. *Forbes*, March 6, 1989, 17.

31. *Cash Explosion broadcast*, September 3, 1994.

32. *Columbus Guardian*, 2, no. 29 (July 21, 1994), 10.

33. *New York Times*, July 18, 1989, I, 1: 1.

34. Oregon Lottery, *Sports Action Nutshell: A Factsheet*, July 29, 1994.

35. Judith Michael, *Pot of Gold* (New York: Poseidon Press, 1992), 21.

36. Ibid., 61-62.

37. *New York Times*, January 13, 1993, B1: 2.

38. Ibid., B1: 12.

39. *New York Times*, March 31, 1994, C7: 1.

40. C. Wright Mills, "The Promise," from *The Sociological Imagination* (New York: Oxford University Press, 1967 [1959]), 6.

2장 미국 역사 속의 복권

1. George Sullivan, *By Chance a Winner: The History of Lotteries* (New York: Dodd, Mead & Co., 1972), 13.

2. Ibid.

3. Robert L. Heilbroner, *The Making of Economic Society: Revised for the 1990s*, Eighth Edition (Englewood Cliffs, NJ: Prentice Hall, 1989), 37.

4. Robert L. Heilbroner and Lester C. Thurow, *Economics Explained* (Englewood Cliffs, NJ: Prentice Hall, 1982), 9.

5. H. Roy Kaplan, "The Social and Economic Impact of State Lotteries," *The Annals of the American Academy of Political and Social Science*, July 1984, 92.

6. John Samuel Ezell, *Fortune's Merry Wheel*: The Lottery in America (Cambridge, MA: Harvard University Press, 1960), 18.

7. Ibid.

8. Ibid., 19.

9. Ibid., 20.

10. Sullivan, *By Chance a Winner*, 20-21.

11. Ibid., 14.

12. Ezell, *Fortune's Merry Wheel*, 69.

13. Susan Previant Lee and Peter Passell, *A New Economic View of American History* (New York: W.W. Norton, 1979), 110.

14. John Bach McMaster, *History of the People of the United States: From the Revolution to the Civil War* (New York: Noonday Press, 1964); cited in Ezell, *Fortune's Merry Wheel*, 177.

15. Reuven Brenner and Gabrielle Brenner, *Gambling and Speculations: A Theory, a History, and a Future of Some Human Decisions* (New York: Cambridge University Press, 1990), 9.

16. Ibid., 212.

17. Ibid., 213.

18. Ibid., 10.

19. Ezell, *Fortune's Merry Wheel*, 9.

20. Brenner and Brenner, *Gambling and Speculation*, 11-12.

21. Ibid., 12.

22. Michael Parenti, *Democracy for the Few*, Sixth Edition, (New York: St. Martin's Press, 1995).

23. Ibid.

24. Leonard Beeghley, *Social Stratification in America: A Critical Analysis of Theory and Research* (Santa Monica, CA: Goodyear Publishing Company, 1978), 207-8.

25. E. Pressen, "The Egalitarian Myth and the American Social Reality: Wealth, Mobility and Equality in the 'Era of the Common Man,'" *American Historical*

Review, 76, no. 4 (1971), 1022.

26. Ibid.

27. G. D. Lillibridge, *Images of American Society: A History of the United States,* Volume I (Boston: Houghton Mifflin, 1976), 242.

28. Ibid., 65.

29. Ezell, *Fortune's Merry Wheel,* 185-86.

30. Mary Beth Norton, David M. Katzman, Paul D. Escott, Howard P. Chudacoff, Thomas G. Paterson, William M. Tuttle, Jr. and William J. Brophy, *A People and A Nation: A History of the United States* (Boston: Houghton Mifflin, 1991), 221.

31. Kaplan, "The Social and Economic Impact of State Lotteries," 93.

32. McMaster, *History of the People of the United States,* 216.

33. Ezell, *Fortune's Merry Wheel,* 221-22.

34. Jonathan Hughes, *American Economic History,* Second Edition (Glenview, IL: Scott, Foresman & Co., 1987), 199.

35. Ezell, *Fortune's Merry Wheel,* 235.

36. *Stone v. Mississippi,* 101 U.S., 814, 817 (1880).

37. Ibid.

38. Ibid., 818, 821.

39. Sullivan, *By Chance a Winner,* 56.

40. Ibid.

41. Anthony Comstock, *Traps for the Young* (New York: Funk & Wagnalls, 1884), 65.

42. Ezell, *Fortune's Merry Wheel,* 250.

43. Comstock, *Traps for the Young,* 59-60.

44. Ezell, *Fortune's Merry Wheel,* 250.

45. Ibid., 259.

46. Sullivan, *By Chance a Winner,* 57.

47. Ibid., 58.

48. David Nibert, "The Political Economy of Disability," Critical Sociology, 21, no. 1 (1995), 59-80.

49. C. B. Spahr, *The Present Distribution of Wealth in the United States,* 1896, cited in Harold U. Faulkner, *The Quest for Social Justice: 1898-1914* (Chicago: Quadrangle Books, 1971), 21.

50. Richard N. Current, T. Harry Williams, Frank Freidel and Alan Brinkley, *American History: A Survey, Volume II: Since 1865*, Sixth Edition (New York: Alfred A. Knopf, 1983), 705.

51. Samuel Eliot Morrison, *The Oxford History of the American People, Volume Three* (New York: New American Library, 1972), 285.

52. Helen M. Muller, *Lotteries*, Vol. X, No. 2 of the Reference Shelf Series (New York: H. W. Wilson Company, 1935), 54.

53. Ibid., 54-55.

54. Ibid., 6.

55. Ibid., 104.

56. Ibid., 108-10.

57. Current et al., *American History: A Survey*, 764.

58. Lester C. Thurow, *The Zero-Sum Society: Distributions and the Possibilities for Economic Change* (New York: Penguin Books, 1983 [1980]), 8.

59. John Kenneth Galbraith, *The Affluent Society* (Boston: Houghton Mifflin, 1958), 334.

60. Adolph A. Berle, Jr., *The 20th Century Capitalist Revolution* (New York: Harcourt, Brace and Co., 1954), 25.

61. John Kenneth Galbraith, *The New Industrial State* (Boston: Houghton Mifflin, 1967), 1.

62. Ibid.

63. C. Wright Mills, *White Collar: The American Middle Classes* (New York: Oxford University Press, 1951), 63.

64. Harold R. Kerbo, *Social Stratification and Inequality: Class Conflict in Historical and Comparative Perspective*, Second Edition (New York: McGraw-Hill, 1991), 33.

65. Brenner and Brenner, *Gambling and Speculation*, 22.

66. Ibid., 84.

67. Ibid.

68. Ezell, *Fortune's Merry Wheel*, 276.

69. Ibid., 277.

70. Charles T. Clotfelter and Philip J. Cook, *Selling Hope: State Lotteries in America* (Cambridge, MA: Harvard University Press, 1989), 143.

71. Ibid., 144.

72. Barry Bluestone and Bennett Harrison, *The Deindustrialization of America: Plant Closings, Community Abandonment and the Dismantling of Basic Industry* (New York: Basic Books, 1982)를 보라.

73. Joe R. Feagin and Robert Parker, *Building American Cities: The Urban Real Estate Game*, Second Edition (Englewood Cliffs, NJ: Prentice Hall, 1990), 39.

74. Michael Harrington, *The Next Left: The History of a Future* (London: I. B. Tauris, 1987), 83.

75. Robert Kuttner, "The Declining Middle," *Atlantic Monthly*, July 1983, 60-72.

76. Thurow, *The Zero-Sum Society*, 3.

77. Charles R. Hulten and June A. O'Neill, "Tax Policy," in *The Reagan Experiment*, ed. John L. Palmer and Isabel V. Sawhill (Washington, DC: The Urban institute Press, 1982), 101.

78. Philip Stern, *The Rape of the American Taxpayer* (New York: Random House, 1973)를 보라.

79. Robert Kuttner, *Revolt of the Haves: Tax Rebellions and Hard Times* (New York: Simon & Schuster, 1980), 66.

80. George E. Peterson, "The State and Local Sector," in *The Reagan Experiment*, ed. Palmer and Sawhill, 184.

81. U. S. Bureau of the Census, *Statistical Abstract of the United States: 1997*, 117th edition (Washington, DC, 1997), 342.

82. Kevin Philips, *The Politics of Rich and Poor: Wealth and the American Electorate in the Reagan Aftermath* (New York: Random House, 1990)를 보라.

83. Andrew J. Winnick, *Toward Two Societies: The Changing Distribution of Income and Wealth in the United States Since 1960* (New York: Praeger, 1989)와 Ruth Sidel, Women and Children Last: The Plight of Poor *Women in Affluent America* (New York: Penguin Books, 1992)를 보라.

84. Philips, *The Politics of Rich and Poor*를 보라.

85. Center on Budget and Policy Priorities, *Drifting Apart: New Findings on Growing Income Disparities Between the Rich, the Poor, and the Middle Class* (Washington, DC, 1990).

86. Denny Braun, The Rich Get Richer: *The Rise of Income Inequality in the United States and the World* (Chicago: Nelson-Hall, 1991)와 Kenneth J. Neubeck, Social Problems: *A Critical Approach*, Third Edition (New York: McGraw Hill, 1991)을 보라.

87. Alan J. Karcher, *Lotteries* (New Brunswick, NJ: Transaction Publishers, 1992), 20-21.

88. *New York Times*, February 25, 1990, 1.

89. Priscilla Painton, "A New Pragmatism," *Time*, March 4, 1991, 50-51.

90. Clotfelter and Cook, *Selling Hope*, 215.

91. Mark G. Dickerson, *Compulsive Gamblers* (New York: Longman, 1984), 18.

92. Ibid.

93. Ibid., 22.

94. Roger Callois, *Man, Play and Games* (New York: Free Press, 1962).

95. Edward Devereux, *Gambling and the Social Structure: A Sociological Study of Lotteries and Horse Racing in Contemporary America*, Ph. D. dissertation, Harvard University, 1949.

96. I. K. Zola, "Observations on Gambling in a Lower-Class Setting," in *The Other Side: Perspectives on Deviance*, ed. Howard Becker (New York: Free Press, 1964).

97. Norman Dennis, Fernando Henriques and Clifford Slaughter, *Coal is Our Life: An Analysis of a Yorkshire Mining Community* (New York: Tavistock Publications, 1969), cited in Mark G. Dickerson, *Compulsive Gamblers* (New York: Longman, 1984), 23-24.

98. Nechama Tec, *Gambling in Sweden* (Totowa, NJ: Bedminister Press, 1964).

99. Dickerson, *Compulsive Gamblers*, 25.

100. Karcher, *Lotteries*, 16.

101. Philip H. Dougherry, "His Specialty is Selling the End of the Rainbow," *New York Times*, June 4, 1981, IV, 16: 1.

102. Karcher, *Lotteries*, 19.

3장 복권, 의문스런 정부 정책

1. Alan J. Karcher, *Lotteries* (New Brunswick, NJ: Transaction Publishers), 38.

2. Charles T. Clotfelter and Philip J. Cook, *Selling Hope*: State Lotteries in America (Cambridge, MA: Harvard University Press, 1989), 216.

3. "Taxation," Chapter 14 in *The Annals of America: Great Issues in American Life* (A Conspectus), Volume II (Chicago: Encyclopedia Britannica, Inc, 1968),

87에서 인용.

4. "Lottery is Financed by the Poor and Won by the States," *New York Times*, May 21, 1989, VI, 4: 1.

5. Clotfelter and Cook, *Selling Hope*, 229.

6. Daniel B. Suits, "Gambling as a Source of Revenue," in *Michigan's Fiscal and Economic Structure*, ed. Harvey Brazer and Deborah Laren (Ann Arbor: University of Michigan Press, 1982), 833.

7. Daniel B. Suits, "Gambling Taxes: Regressivity and Revenue Potential," *National Tax Journal*, 30, no. 1 (1977), 19-35.

8. Charles T. Clotfelter, "On the Regressivity of State-Operated 'Numbers' Games," *National Tax Journal*, 32, no. 4 (1979), 543-47.

9. Roger E. Brinner and Charles T. Clotfelter, "An Economic Appraisal of State Lotteries," *National Tax Journal*, 28, no. 4 (December 1975), 395-403; Michael H. Spiro, "On the Tax Incidence of the Pennsylvania Lottery," *National Tax Journal*, 27, no. 1 (March 1974), 57-61; and Frederick D. Stocker, "State Sponsored Gambling as a Source of Public Revenue," *National Tax Journal*, 25, no. 3 (September 1972), 437-41.

10. Gary S. Becker, "Higher Sin Taxes: A Low Blow to the Poor," *Business Week*, June 5, 1989, 23.

11. Daniel J. Brown, Dennis O. Kaldenberg, and Beverly A. Browne, "Socio-Economic Status and Playing the Lotteries," *Sociology and Social Research*, 76, no. 3 (1992), 161-67.

12. Maureen Pirog-Good and John L. Mikesell, "Longitudinal Evidence of the Changing Socio-Economic Profile of a State Lottery Market," *Policy Studies Journal*, 23, no. 3 (1995), 451-65.

13. Ronald Alsop, "State Lottery Craze is Spreading, But Some Fear It Hurts the Poor,"
Wall Street Journal, February 24, 1983; Clotfelter and Cook, *Selling Hope*, 215.

14. Karcher, *Lotteries*, 39에서 인용.

15. Robert Uhlig, "Hawking Fires a Brief Tirade Against Lottery," *Electronic Telegraph*, February 14, 1996, 1, http://www.telegraph.co.uk.

16. Becker, "Higher Sin Taxes," 23.

17. *Chicago Tribune*, March 13, 1986; cited in Clotfelter and Cook, Selling Hope, 229.

18. *Washington Post*, January 26, 1990, C6.

19. Karcher, *Lotteries*, 58.

20. Ibid., 58.

21. *Riverfront Times*, March 14-20, 1990, 9.

22. Clotfelter and Cook, *Selling Hope*, 229; Institute for Policy Research, *Most Ohioans Play Lottery*, Press Release, November 27, 1989, University of Cincinnati.

23. Clotfelter and Cook, *Selling Hope*, 207.

24. Karcher, *Lotteries*, 81-82.

25. Ibid., 82.

26. *Washington Post*, January 14, 1990, C1.

27. P. Solomon Banda, "Millions Taking Shot at $150 Million Jackpot," *Dayton Daily News*, May 19, 1998, 4A.

28. Ibid., 12A.

29. Karcher, *Lotteries*, 83.

30. Ibid., 12.

31. Ibid.

32. Jerry Benson, "Pennies from Hell," *Omni*, 13, no. 9 (June 1991), 112.

33. Ibid.

34. Judith H. Hybels, "The Impact of Legalization on Illegal Gambling Participation," *Journal of Social Issues*, 35 (1979), 27-35.

35. Amy Bayer, "Are Lotteries A Ripoff?" *Consumer's Research*, January 1990, 14.

36. Ibid.

37. John Mikesell and Maureen A. Pirog-Good, "State Lotteries and Crime: The Regressive Revenue is Linked With a Crime Rate Higher by 3 Percent," *American Journal of Economics and Sociology*, 49, no. 1 (1990), 7-18.

38. Ibid., 9.

39. *Dayton Daily News*, March 13, 1994, B1.

40. Dirk Beveridge, The Boston Globe Online: http://www.boston.online/dailynews/wirehtml/203_lr/gtech_spokesman_wins_his_part_of_br.htm (1998)

41. H. Roy Kaplan, "The Social and Economic Impact of State Lotteries," *The Annals of the American Academy of Political and Social Science*, 477, January 1985, 91-106.

42. 복권 수익을 모두 교육에 쓰는 주는 캘리포니아주, 플로리다주, 조지아주, 일리

노이주, 미시간주, 미주리주, 몬태나주, 뉴햄프셔주, 뉴욕주, 오하이오주다.

43. David P. Brandon, *State-Run Lotteries: Their Effects on School Funding* (Arlington, VA: Educational Research Service, 1993), 6.

44. Peter Keating's "Lotteries Cannot Resolve thee States' Fiscal Crisis," in *Legalized Gambling: For and Against*, ed. Rod L. Evans and Mark Hance (Chicago: Open Court, 1998), 107-10에 나온 자료 분석을 바탕으로 함.

45. Ibid.

46. Brandon, *State-Run Lotteries*, 5.

47. Ibid.

48. "Gambling and the State," *The Economist*, April 11, 1992, 24.

49. "The States Like the Odds," *Time*, July 10, 1989, 19.

50. William H. Willimon, "Lottery losers," *Christian Century*, January 17, 1990, 48.

51. Bayer, "Are Lotteries a Ripoff?" 15.

52. Marsha Jane Stewart, "Patterns of Revenues for Public Elementary and Secondary School Education Derived as a Result of State Lotteries; A Case Study of Michigan and New York," *Dissertation Abstracts International*, 48, no. 1114A (1987); Mary O. Borg and Paul M. Mason, "Earmarked Lottery Revenues: Positive Windfalls or Concealed Redistribution Mechanism?" *Journal of Education Finance*, 15, no. 3 (1990), 298-301; Steven D. Stark, D. S. Honeyman, and R. Craig Wood, *An Examination of the Florida Educational Lottery*, Occasional Paper No. 3 (Gainesville, FL: UCEA Center for Educational Finance, Department of Educational Leadership, University of Florida, 1991).

53. Thomas H. Jones and John L. Amalfitano, *America's Gamble: Public School Finance and State Lotteries* (Basel: Technomic Publishing, 1994), 149-50.

54. Charles J. Spindler, "The Lottery and Education: Robbing Peter to Pay Paul?" *Public Budgeting and Finance*, 15, no. 3 (1995), 54-62.

55. Ibid., 60-61.

56. Brandon, *State-Run Lotteries*, 13.

57. International Gaming and Wagering Business, *North American Gaming Report* (New York, 1997).

58. John L. Mikesell and C. Kurt Zorn, "State Lotteries as Fiscal Savior or Fiscal Fraud: A Look at the Evidence," *Public Administration Review*, July/August 1986, 314.

59. "Lotto is Financed by the Poor and Won by the States," *New York Times,* May 21, 1989, IV, 6: 1.

60. Ken C. Winters, "The Odds of Problem Teenage Gambling," *School Intervention Report,* 4, no. 5 (April/May 1991), 2.

61. Ibid., 3.

62. Howard J. Schaffer and Matthew Hall, *The Emergence of Youthful Gambling and Drug Use: The Prevalence of Underage Lottery Use and the Impact of Gambling* (Boston: Harvard Medical School, 1994).

63. Ibid., 10.

64. Ibid., 15-16.

65. Linda Berman and Mary-Ellen Siegel, *Behind the Eight Ball: A Guide for Families of Gamblers* (New York: Simon & Schuster, 1992), 49.

66. Clotfelter and Cook, *Selling Hope,* 124.

67. John J. O'Connor, "The Urge to Gamble, and How to Fight Addiction," *New York Times,* June 29, 1990, C24.

68. George Jones, "Lottery Jackpot Curb is Rejected," *Electronic Telegraph,* October 26, 1995, 1, http://www.telegraph.co.uk.

69. Rachel Sylvester, "Camelot Ordered to Curb the Under-Age Scratchcard Addicts," *Electronic Telegraph,* February 26, 1998, 1, http://www.telegraph.co.uk.

70. "The Economic Case Against State-Run Gambling," *Business Week,* August 4, 1975, 67-68.

71. William Safire, "When States Roll Dice, Poor Must Pay Up," *St. Louis Post Dispatch,* April 26, 1991, 3C.

72. Karcher, *Lotteries,* 23.

73. Ibid., 23.

74. Bayer, "Are Lotteries a Ripoff?," 12-13.

75. Ibid., 12.

76. Ibid., 13.

77. North American Association of State and Provincial Lotteries, *Lottery Facts and Background Information* (Washington, DC, 1994).

78. Max Weber, *From Max Weber: Essays in Sociology,* ed. H. H. Gerth and C. Wright Mills (New York: Oxford University Press, 1946), 78.

79. Anthony Giddens, *Capitalism and Modern Social Theory: An Analysis of the*

Writings of Marx, Durkheim and Max Weber (New York: Cambridge University Press, 1971), 99.

80. Cited in Virgil W. Peterson, "Gambling: Should It Be Legalized?" *Journal of Criminal Law and Criminology*, 40, no. 3 (September/October 1949), 326.

81. Karl Marx, *Karl Marx: Selected Writings in Sociology and Social Philosophy* (New York: McGraw-Hill, 1956 [1846]), 223.

82. Friedrich Engels, *The Origins of the Family, Private Property and the State* (New York: Penguin Books, 1986 [1884]), 141.

83. Alan Wolfe's *The Seamy Side of Democracy: Repression in America* (New York: Longman, 1978); and Vincent Pinto's "Soldiers and Strikers: Class Repression as State Policy," in The Capitalist System, Second Edition, ed. Richard C. Edwards, Michael Reich and Thomas E. Weisskopf (Englewood Cliffs, NJ: Prentice Hall, 1978)를 보라.

84. *Crime and Capitalism: Readings in Marxist Criminology*, ed. David E. Greenberg (Philadelphia: Temple University Press, 1993), 469에서 인용.

85. Karl Marx and Friedrich Engels, *The German Ideology* (New York: International Publishers, 1989 [1845]), 64-65.

86. Robert A. Dahl, *Who Governs?* (New Haven, CT: Yale University Press, 1961).

87. G. William Domhoff, *Who Rules America?: Power and Politics in the Year* 2000, Third Edition (Mountain View, CA: Mayfield Publishing, 1998), 1.

88. Ralph Miliband, *The State in Capitalist Society* (New York: Basic Books, 1969).

89. Ibid., 182.

90. Ibid., 184.

91. Ibid., 208.

92. Ibid., 214.

93. Ibid., 221.

94. Ibid., 265.

95. Ibid., 266.

96. Michael Parenti, *Democracy for the Few* (New York: St. Martin's Press, 1995), chapter 4; and Fred Block, "The Ruling Class Does Not Rule," in *Capitalist Society: Reading for a Critical Sociology*, ed. Richard Quinney (Homewood, IL: Dorsey Press, 1979)를 보라.

97. James O'Connor, The Fiscal Crisis of the State (New York: St. Martin's Press, 1973).

98. Mary Francis Berry, *Black Resistance: White Law* (New York: Penguin Books, 1994 [1971]); Ward Churchhill and Jim Vander Wall, *Agents of Repression: The FBI's Secret Wars Against the Black Panther Party and the American Indian Movement* (Boston: South End Press, 1990); James E. Falkowski, *Indian Law/Race Law: A Five Hundred-Year History* (New York: Praeger, 1992); and Alfredo Mirande, *Gringo Justice* (Notre Dame, IN: University of Notre Dame Press, 1987)를 보라.

99. Harold R. Kerbo, *Social Stratification and Inequality: Class Conflict in Historical and Comparative Perspective*, Second Edition (New York: McGraw-Hill, 1991), 42.

100. Barry Bluestone and Bennett Harrison, *The Deindustrialization of America: Plant Closings, Community Abandonment, and the Dismantling of Basic Industry* (New York: Basic Books, 1982), 158.

101. "Rebuilding to Survive," *Time*, February 16, 1987, 44-45.

102. Donald L. Barlett and James B. Steele, *America: What Went Wrong?* (Kansas City: Andrews and McMeel, 1992), 207.

103. Bluestone and Harrison, *The Deindustrialization of America*, 130.

104. Ibid., 131.

105. Ibid., 133.

106. Ibid., 171-72.

107. Barlett and Steel, *America: What Went Wrong?*, 97, 95.

108. Kevin Philips, *The Politics of Rich and Poor: Wealth and the American Electorate in the Reagan Aftermath* (New York: Random House, 1990), 94-95.

109. Ibid., 76.

110. Ibid., 78.

111. Ibid., 79.

112. Sylvia Nastar, "The 1980's: A Very Good Time for the Very Rich," *New York Times*, Thursday, March 5, 1992, 1.

113. Barlett and Steele, *America: What Went Wrong?*, 2.

114. Lord Bryce, American States and Commonwealth (1888), cited in Ann Elder and George Kiser, *Governing American States and Communities: Constraints and Opportunities* (Glenview, IL: Scott, Foresman and Co., 1983), 13.

115. Milton C. Cummings, Jr. and David Wise, *Democracy Under Pressure, Second Edition* (New York: Harcourt Brase Jovanovich, 1974), 586.

116. G. William Domhoff, *Who Rules America?* (Englewood Cliffs, NJ: Prentice-Hall, 1967), 132-37.

117. Ruth S. Jones, "Financing State Elections," in *Money and Politics in the United States: Financing Elections in the 1980s*, ed. Michael J. Malbrin (Washington, DC: American Enterprise Institute, 1984), 188.

118. Amitai Etzioni, *Capital Corruption: The New Attack on American Democracy* (New York: Harcourt Brace Jovanovich, 1984), 38.

119. Ibid.

120. Domhoff, *Who Rules America?*, 132-37.

121. Joe R. Feagin and Robert Parker, *Building America Cities: The Urban Real Estate Game* (Englewood Cliffs, NJ: Prentice Hall, 1990), 55-56.

122. Ibid., 56.

123. Ibid.

124. Ibid.

4장 복권, 불평등을 정당화하는 수단

1. "Squeezing Debtors," *Left Business Observer*, 84 (July 21, 1998), 1-2.

2. Ibid., 1-2.

3. Laura Meckler (Associated Press), *Survey: Many Americans Still Lack Health Insurance*. http://cnn.com/ALLPOLITICS/stories/1998/10/19/hmo.ap/ (1998).

4. C. Wright Mills, The Marxists (New York, 1962) 115; reprinted in *Capitalists Society: Readings for a Critical Sociology*, ed. Richard Quinney (Homewood, IL: Dorsey Press, 1979), 170.

5. Joan Huber and William H. Form, *Income and Ideology: An Analysis of the American Political Formula* (New York: Free Press, 1973), 2.

6. Robert A. Rothman, *Inequality and Stratification: Class, Color, and Gender*, Second Edition (Englewood Cliffs, NJ: Prentice Hall, 1993), 57.

7. Huber and Form, *Income and Ideology*.

8. Joe R. Feagin, "When It Comes to Poverty, It Is Still 'God Helps Those Who Help Themselves'," *Psychology Today*, 6 (1972), 101-29.

9. See James R. Kluegel and Eliot R. Smith, *Beliefs About Inequality: Americans' Views of What Is and What Ought to Be* (Hawthorn, NY: Aldine De Gruyter, 1986), 43-45.

10. Ibid.

11. Friedrich Engels, *The Origin of the Family, Private Property and the State* (New York: Penguin Books, 1972 [1884]).

12. Randall Collins, *Sociology of Marriage and the Family: Gender, Love and Property* (Chicago: Nelson Hall, 1985); and Carol Smart, *The Ties That Bind: Law, Marriage and the Reproduction of Patriarchal Relations* (London: Routledge & Kegan Paul, 1984)를 보라.

13. Melvin L. Kohn, *Class and Conformity*, Second Edition (Homewood, IL: Dorsey Press, 1977).

14. Charles E. Hurst, *Social Inequality: Forms, Causes, and Consequences* (Boston: Allyn & Bacon, 1992), 303-04.

15. Samuel Bowles and Herbert Gintis, *Schooling in Capitalist America: Education Reforms and the Contradictions of Economic Life* (New York: Basic Books, 1976)를 보라.

16. Joe R. Feagin, *Social Problems*: A Critical Power-Conflict Perspective, Second Edition (Englewood Cliffs, NJ: Prentice Hall, 1986), 199.

17. Michael Parenti, *Democracy for the Few*, Fifth Edition (New York: St. Martin's Press, 1988), 37.

18. G. William Domhoff, *The Powers That Be* (New York: Vintage, 1979); and Thomas R. Dye, *Who's Running America? The Reagan Years* (Englewood Cliffs, NJ: Prentice Hall, 1983).

19. Michael Parenti, *Inventing Reality: The Politics of the Mass Media* (New York: St. Martin's Press, 1986); and Ben H. Bagdikian, *The Media Monopoly* (Boston: Beacon Press, 1987)를 보라.

20. 이 예측은 Jim Sayer, Professor of Communications at Wright State University. He was cited in the *Dayton Daily News* on August 1, 1995, 1에서 인용한 것이다.

21. Edward S. Herman and Noam Chomsky, *Manufacturing Consent: The Political Economy of the Mass Media* (New York: Pantheon, 1988).

22. William Ryan, *Blaming the Victim* (New York: Vintage, 1976); and Michael Lewis, *The Culture of Inequality* (Amherst: University of Massachusetts Press,

1978)를 보라.

23. David Nibert, "State Lotteries and Perceptions of Opportunities" (Paper presented at the Annual Meeting of the American Sociological Association, Los Angeles, August 1994).

24. *Lotto World*, July 24, 1995, 10.

25. Charles T. Clotfelter and Philip Cook, *Selling Hope: State Lotteries in America* (Cambridge, MA: Harvard University Press, 1989), 207-08.

26. *Electronic Telegraph*, "Lottery Adds 226 to List of Millionaires," December 28, 1998, 1, http://www.telegraph.co.uk.

27. Thorstein Veblen, *The Theory of the Leisure Class* (New York: Penguin Books, 1979 [1899]).

28. Ibid., 74, 84.

29. Ibid., 97.

30. H. Roy Kaplan, "The Social and Economic Impact of State Lotteries," Annals of the American Academy of Political and Social Science, 474 (July 1984), 104.

31. Bertell Ollman, "Toward Class Consciousness in the Working Class," *Politics and Society*, 3 (Fall 1972); reprinted in *Capitalist Society*, ed. Quinney, 170.

32. David Nibert, "An Examination of the Dominant Stratification Ideology in the Post-Reagan Era" (Paper presented at the Annual Meeting of the American Sociological Association, Washington DC, August 1995).

33. Robert H. Lauer, *Perspectives on Social Change* (Boston: Allyn and Bacon, 1982(, 262-73를 보라.

34. Ollman, "Toward Class Consciousness in the Working Class," 184.

35. Alan J. Karcher, *Lotteries* (New Brunswick, NJ: Transaction, 1992), 76-77.

36. Harry Braverman, *Labor and Monopoly Capital: The Degradation of Work in the Twentieth Century* (New York: Monthly Review Press, 1975)와 Craig Calhoun, "The Political Economy of Work," in *Political Economy: A Critique of American Society*, ed. Scott G. McNall (Glenview, IL: Scott, Foresman & Co., 1981), 272-99를 보라.

37. Jeffrey Reiman, *The Rich Get Richer and the Poor Get Prison: Ideology, Crime and Criminal Justice* (Needham Heights, MA: Allyn and Bacon, 1995), 70-76를 보라.

38. Susan Dentzer, "Anti-Union, But Not Anti-Unity," *U. S. News and World Report*, July 1995, 17.

39. Robert J. Sheak, "U. S. Capitalism, 1972-1992: The Jobs Problem," *Critical Sociology*, 21, no. 1 (1995), 33-57.

40. Clotfelter and Cook, *Selling Hope*, 207.

41. David Nibert, "The Political Economy of Developmental Disability" *Critical Sociology*, 21, no. 1 (1995), 59-80를 보라.

42. Holly Sklar, *Chaos or Community? Seeking Solutions, Not Scapegoats, for Bad Economics* (Boston: South End Press, 1995), 2-3.

43. Frances Fox Piven and Richard Cloward, *Poor People's Movements: Why They Succeed, How They Fail* (New York: Pantheon, 1977)을 보라.

44. Roger Highfield, "Editors of the Paranormal in a Flutter Over Angels and the Lottery," *Electronic Telegraph*, January 22, 1997, 2.

45. *Lotto World*, July 10, 1995, 70.

46. *Ohio Daily Number Handbook: Lucky Numbers*, 179 (July 1995).

47. *Bull's Eye Lottery Book*, July 1995, 22-23.

48. Clotfelter and Cook, *Selling Hope*, 89.

49. Herbert Marcuse, *An Essay on Liberation* (Boston: Beacon Press, 1969), 4.

5장 변화의 걸림돌, 복권

1. Charles A. Beard, *An Economic Interpretation of the Constitution of the United States* (New York: Macmillan, 1941 [1913]), xii.

2. Carl Sagan, *Broca's Brain* (New York: Ballantine Books, 1979), xiii-xiv.

3. Ibid., 104.

4. Charles Horton Cooley, *Social Organization: A Study of the Larger Mind* (New York: Schocken Books, 1962 [1909]), 400.

5. "Study Rates U. S. Low on Helping Poor," *St. Louis Post Dispatch*, September 9, 1991, 1.

6. Ibid., 20.

7. "Gap in Wealth In U. S. Called Widest in West," *New York Times*, April 17, 1995, 1.

8. "The Rich Get Rich Faster," Editorial, *New York Times*, April 18, 1995, A24.

9. Ibid.

10. Harold Kerbo, *Social Stratification and Inequality: Class Conflict in*

Historical and comparative Perspective (New York: McGraw-Hill, 1991), 335.

11. Ibid.

12. *Bruce La Fleur of La Fleur's Lottery Magazine,* August 23, 1999이 제시한 통계.

13. Holly Sklar, *Chaos or Community: Seeking Solutions, Not Scapegoats For Bad Economics* (Boston: South End Press, 1995), 101.

14. "Beyond the Contract," *Mother Jones,* March/April 1995, 54-58.

15. Cassandra Burrell, Associated Press, "Nation's Lockups Hold 1.7 Million, Report Says," *Dayton Daily News,* January 19, 1998, 1A.

16. Susannah Herbert, "Puttnam Urges Lottery Rethink," *Electronic Telegraph,* May 1, 1995, 1. http://www.telegraph.co.uk

17. National Gambling Impact Study Commission Report (Washington, DC, 1999), 1-4 through 3-5.

18. Ibid., 1-2.

19. Ibid., 1-5.

20. Ibid., 1-1.

21. William Greider, *Who Will Tell the People: The Betrayal of American Democracy* (New York: Touchstone Books, 1992), 89.

22. Ibid., 99.

23. The description of the system of universal entitlements in Sweden, in Ruth Sidel, *Women and Children Last: The Plight of Poor Women in Affluent America,* Revised Edition (New York: Penguin Books, 1992)을 보라.

24. Donald L. Barlett and James B. Steele, *America: Who Really Pays the Taxes?* (New York: Touchstone Books, 1994), 344.